犀の角のようにただ独り歩め

——「スッタニパータ」

儒教が支えた明治維新

晶文社

装丁　佐藤直樹＋菊地昌隆（アジール）
イラストレーション　菊地昌隆

儒教が支えた明治維新　目次

3　東アジアのなかの日本

はしがき

明治維新とは何だったのか？

私たち日本で暮らす者にとって、これは重要な設問のひとつである。

最も流布している模範解答は、古代以来の旧体制から離脱して西洋風の近代国家を作るために行った一連の変革だったというものだろう。国民的作家とされる司馬遼太郎が『坂の上の雲』（一九六八年〜一九七二年に産経新聞に連載）などで表明したのもこの見方である。折からその当時は「明治百年」ということで、自民党政権（佐藤栄作内閣）が大々的なキャンペーンを張り、明治維新を賛美していた。

だが、本当にそうなのだろうか？

近年、学界では次のような種々の見解が提起され、通説化しつつある。曰く、「明治時代に学校制度が容易に普及浸透したのは江戸時代にその基盤ができていたから」（辻本雅史氏の見解）、「江戸時代の学問環境や手法が志士たちの政治議論の土壌になった」（前田勉氏の見解）、「明治時代になってからも儒教は社会に浸透した」（渡辺浩氏の見解）、「明治維新は偶然が重なって成功してしまった革命」（三谷博氏の見解）、「江戸幕府には西洋流の外交手腕を具えた優秀な人材がいた」（真壁仁氏の見解）、「西洋近代科学の受容は長崎の蘭学ですでに高い水準に達していた」（広瀬隆氏の見解）等々。そして、「江戸時代に近代思想の萌芽が見られる」という学説は、古くは丸山眞男が唱え、近くは苅部直氏が力説している。また、一般書籍としては、薩長藩閥政府の独善を非難し、「明治維新」という創られた偶像を壊すための本が陸続と出版されている。

本書はそれらと観点を共有しつつ、少し違う角度から眺めた明治維新論である。すなわち、時期を江戸時代にかぎることなく、もっと前から見ることによって、日本の歴史の中で儒教が果たしてきた役割を整理してみる。

この列島に生まれた政治組織（かつての教科書では大和朝廷、いまの教科書ではヤマト政権と呼んでいる政府）が、「日本」という一人前の国家になっていくにあたって参照したのは、隣国、というよりも世界の中心、唐だった。その政治秩序・社会組織をまねして八世紀初頭にいちおう完成したのが、いわゆる律令国家である。そして、教科書レベルでは明言されていないのだが、中国で律令制度を作り上げていた理念は、儒教の思想だった。日本人と儒教との付き合いは、まずは国家の仕組みの受容から始まった。

その後、中国の儒教は宋学（朱子学はその一流派）の登場で変質する。政治・社会の根幹である点はそのままに、あらたに個々人の人格修養が重視されるようになる。十三世紀に宋から伝わった禅宗には、教養の一環として朱子学についての知識が入り込んでいた。十七世紀、江戸時代にいたって日本の朱子学は禅宗寺院から自立する。すぐ引き続いて儒教の中から朱子学を批判する思潮も誕生する。教育施設（藩学など）が設立され、十九世紀には儒教の教義内容が武士の間に広く浸透して国政改革への志を育んでいた。明治維新はこれを思想資源としている。

思想資源という語を、私は「ある思想が醸成するに際して使われた材料」という意味で使いたい。その点で「源流」や「影響」という語とは異なる。前者は時間軸を上流から下流にたとえた必然的展開を、後者は既存のものにあとから外来物が付加したさまを思わせるからだ。そうではなく、思想資源とは当該思想が生成するにあたり不可欠だった材料・形質のことである。

したがって、私は「明治維新は儒教教義による政変だった」とまで主張するつもりはない。表向きそれはあくまで日本古来の神道による王制復古であり、実質的には西洋列強を模倣した国家の構築だった。しかし、遣唐使以来の中国からの文明移入の歴史を通観したときに見えてくるのは、「また同じようなことをしていた」という感想である。そして、いま、「世界標準（global standard）」という怪しげな用語によって進められている社会の転換もまた、いつか来た道に思えてならない。

本書を通読したあと、読者諸賢の儒教認識や明治維新観が少しでも変わっていれば幸いである。

1　明治維新を支えた思想

朱子学・陽明学の日本的受容と幕末維新

——現代の鑑としての歴史に学ぶ

朱子学《しゅしがく》・陽明学《ようめいがく》は、どちらも中国で生まれた儒教の中の一流派である。紀元前六〜五世紀に活躍した孔子を開祖とする儒家思想は、墨家や道家・法家といった他の諸流派との対立・論争を経て、紀元前一世紀から紀元後一世紀にかけて、漢帝国の御用学問としての地位を固めた。経書と呼ばれる聖なる典籍に加えて、緯書と呼ばれる新出のテキスト群を擁し、思想体系を持つ教学、儒教の成立である。さらに今度は儒教内部の対立（主要なのは、経書のテキストをめぐる今文学派と古文学派の対立）を経て、七世紀、唐の初期には五経正義と呼ばれる固定注釈書が作成されて教義の統一が図られた。

“仁義”を重んじる朱子学の誕生

しかし、唐帝国の力が衰えるのにともなって（あるいは、それと反比例して）思想界はふたたび活況を呈し、儒教教義についても新しい見解が登場する。その担い手の一人が、文人として著名な韓愈《かんゆ》であった。韓愈は孟子を顕彰し、彼こそが孔子の正統な後継者だったとする。それまでの儒教が礼という外面に偏っていたとみなし、内面の重視を強調して、孟子が唱えた仁義を再評価したのである。

この動きは、韓愈より三百年後、十一世紀後半に勢いを増す。王朝は宋に代わっていた。政治改革家として有名な王安石《おうあんせき》、多能な文化人として知られる蘇軾《そしょく》もその担い手だったが、やがて程顥《ていこう》・程頤《ていい》兄弟の系統が主流となり、その中から朱熹《しゅき》が登場する。彼は孔子・孟子などと並んで「朱子《しゅし》」という敬称で呼ばれるようになる。朱子学の大成者だ。

「理」と「気」を結びつけた世界観

朱子学では、世界を成り立たせる原理として「理」というものを考える（そもそも、「原理」という日本語がこの影響を受けている）。理それ自体には姿形はない。世界の存在物は、理に基づき、理を内在させるようにして、できている。存在物を構成しているのは陰陽五行の多種多様な組み合わせで、その元になっているものが「気」である。気は中国古代からある考え方だったが、それを理と結びつけて説明し、精緻な世界像を描き上げたところに、朱子学の意義があった。

そして、他の物と同様、人間も気の集まりであり、理を内在させていると、朱子学では考える。理の具体的な内容は、親への孝、君主への忠といった倫理的徳目であり、それらは人為的に誰かが勝手に決めたものではなく、自然界の法則と同じである。ある人物が不孝や不忠なのは、彼が邪気（欲望など）の妨げに遭って自身に内在している本来の理を見失い、そこから逸脱していることに原因があると、朱子学では説明する。

したがって、朱子学の思想史的特質は、漢代の儒教よりも個々人の内面の修養を重視することにある。漢代儒教がそれを疎かにしていたわけでは決してないのだが、朱子学者たちにはそう見えたのだ。とりわけ、緯書の利用が、孔子・孟子の本意を逸脱する邪道として批判された。経書の解釈にあたっても、緯書的な解釈を一掃し、読者の主体性に訴えかける傾向が顕著となる。程氏兄弟の盟友だった張載《ちょうさい》という思想家の主張であった「万世のために太平を開く」気概、その師ともされ、王安石の先輩格にあたる改革者范仲淹《はんちゅうえん》の「先憂後楽」の精神が、その中核をなした。彼らの出身階層は士大夫《したいふ》と呼ばれている。科挙（高級官僚採用試験）をめざす、経世の志にあふれた人びとであった。

朱子学の行き詰まりと陽明学の誕生

紆余曲折ののち、朱子学は王朝体制を支える役割を担うようになる。だが、古今東西の通弊で、思想の教条化と硬直化による活力減退が訪れる。十五世紀末には多くの心ある士大夫が、この壁にぶちあたって悩んでいた。明のなかばのことである。

王守仁《おうじゅじん》（号は陽明《ようめい》）は、はじめ篤実な朱子学者として修行し、そのことに悩んで放蕩にも走り、権力者に逆らって僻地に左遷され、そこで一つの大きな悟りを得た。「私はこれまで朱子の教えに遵《したが》って、修行により理を追い求めながらも、得られずに煩悶してきた。だが、理は私たちの心に内在しているのであり、外界にあるわけではないのだ」。

朱子学自体がそもそも内面重視の教説だったはずなのだが、陽明学はさらにそれを押し進め、個々人が自分の心の本来のありかたを取り戻すことを強調する。

日本に朱子学を伝えた禅僧たち

両者ともに、仏教の中の禅の思想と深く関わっている。時に禅に学び、時に禅を批判し、また時には禅のほうが朱子学・陽明学からヒントを得ながら、中国近世の思想史は展開していた（この他に道教の動向も密接に絡むのだが、日本への直接的影響は薄いので、ここでは省略する）。日本に朱子学・

陽明学が伝わったのは、禅仏教導入の一部としてであったのは、こうした事情に由来している。

栄西禅師は二回宋を訪れているが、それはちょうど朱熹が活躍していた時期であった。もっとも、二人に面識はない。栄西によって臨済宗が移入されてからのち、十三世紀から十四世紀にかけて、同じように宋で禅を学び日本にそれを伝えたり、もともと宋の禅僧が来日して活躍したりすることが続いた。朱子学は彼らによって日本に伝えられる。

言い換えれば、日本の儒者が宋に留学して朱子学を学び、それを持ち帰ったわけではない。ここが、中国や韓国の朱子学と日本の朱子学受容との決定的な相違点であった。本場中国でも、そしてモンゴル帝国時代に政治的な力関係もあって北京に行かざるを得なかった韓国の高麗王朝でも、朱子学の担い手は儒教を生活信条とする士大夫だった。

江戸時代に禅宗から独立した朱子学

ところが、日本では禅宗の僧侶が、留学中のいわば副専攻として朱子学を修得し、故国に伝えていた。そのため、儒教の根幹をなす〝礼〟の実践が根付くことはなかった。具体的には冠婚葬祭のやりかたである。禅僧は仏教式のそれを中国から伝えただけで、朱子学風の儀礼を実践することはなかった。もっとも、加地伸行氏が『儒教とは何か』(中公新書、一九九〇年)で強調するように、中国仏教の冠婚葬祭自体、もともとは儒教流儀のものであった。

江戸時代、朱子学はようやく禅宗寺院を離れて教育・研究されるようになる。藤原惺窩《ふじわらせいか》・林羅山《はやしらざん》・山崎闇斎《やまざきあんさい》といった十七世紀の朱子学者たちは、もともと禅宗寺院で学んだ経験を持っている。彼らが弟子を育てるようになってはじめて、朱子学は禅宗から自立する。そして、すぐに伊藤仁斎《いとうじんさい》や荻生徂徠《おぎゅうそらい》のように、朱子学に疑問を感じて独自の教説を唱える思想家が登場するにいたる。

倒幕運動の精神的柱となった陽明学

一方、朱子学の変種である陽明学も、（学者が訪日したわけではなく）書物を通じて知識として広まった。中江藤樹《なかえとうじゅ》は、最初は朱子学を学習していたが、やがてこれに疑問をいだき、晩年（といっても彼は四十歳で亡くなっているので三十代で）陽明学と出会ってこれに傾倒する。つまり、彼自身、王陽明同様に、また仁斎や徂徠と同じく（時期的には藤樹が先輩だが）まず朱子学を学び、そののちそこから離れるという道を歩んでいる。

幕末の吉田松陰《よしだしょういん》にしろ西郷隆盛にしろ、江戸時代の儒学が持つこうした性格の体現者であった。ふたりとも陽明学に心酔したといわれ、井上哲次郎『日本陽明学派之哲学』（一九〇〇年）以来、幕末を代表する陽明学者として語られてきた。さらに、（これも井上らの筋書きだが）陽明学が本来持っている革新的な傾向が、彼らが担った倒幕運動の精神的背景となったとされた。

私はこの〝物語〟を相対化する試みを著した（『近代日本の陽明学』講談社選書メチエ、二〇〇六年）。

陽明学が幕末・明治以降どう語られてきたかをまとめてみたものである。吉田松陰や西郷隆盛（松陰にあわせて号で呼ぶなら西郷南洲というべきだろう）の思想を陽明学だと規定するとき、そう評する側がそこにどのような思いをこめてきたかに力点を置いてみたのだ。

維新を可能にした朱子学対陽明学の単純図式

日本がアジアの中で最も早く西洋風近代国家への脱皮を果たせた背景には、たしかに陽明学的な精神の存在がある。〝倒幕〟という大それた発想、鎌倉幕府以来の武家政権の仕組みを武士自身が壊していこうとする運動は、陽明学思想に親和的であった。しかし、それは「彼らは陽明学者だから進取革新の気風に富んでいた」わけではなく、「社会改革への志を持っていた人たちだから陽明学に心酔した」というべきであろう。具体的な〝礼〟の世界を持たず、ただ観念的に思想を語ってきた日本の朱子学・陽明学の受容が、「体制護持＝朱子学、変革運動＝陽明学」という単純な図式で幕末維新期を捉えることを可能にしてしまう状況を作り上げていたのだ。

朱子学（宋学ともいわれる）は江戸幕府の体制教学として、丸山眞男や司馬遼太郎を含む多くの論客たちから批判されてきた。しかし、そもそも江戸幕府の民衆支配を支えていたのは仏教（寺請制度）であり、朱子学はときどき新井白石や松平定信のような為政者の理念として作用していたにすぎない。むしろ、蘭学導入の基礎となる学術知として、近代西洋の学問体系を移入する培養基としての役割を果たした面に注目すべきであろう。明治時代の能吏《のうり》には朱子学的素養を具《そな》えた者が多い。日本の近代化を実際に担ったのは、陽明学風の気宇壮大な革命家ではなく、朱子学風の着実冷静な実務家だった。〟理〟は、自分の心の中にではなく、やはり外界に探索すべきものだからであろう。

現代の鏡としての幕末維新

その代表格が、大久保利通と伊藤博文である。前者は西郷の盟友、後者は松陰の門下生だ。西郷と大久保の気質が相反することは、司馬遼太郎の『翔ぶが如く』を引き合いにだすまでもなく、しばしば言われるところである。そして、大久保暗殺の後、事実上その後継者となって明治国家を育てたのが伊藤であった。吉田松陰は松下村塾で〟周旋家伊藤利助〟の気質を見抜いていた。「朱子学と陽明学」という枠組でいえば、この二人は明らかに朱子学的な心性と信条の持ち主であった。

明治国家が近代化を達成できたのは、陽明学的な志士たちが（松陰の刑死、西郷の反乱などで）早くに退場し、朱子学的な能吏が（大久保暗殺はあったにせよ）政府中枢を占めたことにあるかもしれない。これは非情なる皮肉ではあるが。

三島由紀夫は一九七〇年の割腹事件に際して、陽明学者の大塩中斎《おおしおちゅうさい》（平八郎《へいはちろう》）に自己投影していたふしがある。彼は東大駒場キャンパスで全共闘と対話しているが、私は、これは両者が陽明学的心性を共有していたからだと解釈している。三島には、学生たちに自分と同じ匂いを感じとる嗅覚が具わっていたのだ。

事のよしあしはさておいて、全共闘とは幕末の倒幕派志士たち同様に〝陽明学〟だったのだと私も思う。彼らが敵とみなす体制は、〝朱子学的〟な官僚体制だった。そして、それは五十年の時を経ても彼らの気質として持続しているのではなかろうか。

〝政治主導〟というもっともらしい表現が朱子学的な能吏たちを遠ざけ、幕末維新期に匹敵する未曾有の国難を打破するにあたって的確な国家運営ができない状況を招いているとしたら、まことに恐ろしいことである。西郷には大久保を評価する眼力と胆力があった。幕末維新期は、私たちにとっての鑑なのかもしれない。

初出は『人間会議』夏号（宣伝会議、二〇一一年）。この号は特集として「私塾二つで日本が変わった――幕末明治に学ぶ変革期の人づくり」を組み、吉田松陰の松下村塾や緒方洪庵の適塾を賛美する内容の文章を集めている。私の文章は、そうした論調に水を差す場違いなもので、わざと意識しての所行である。

中国生まれの志士的思想

『論語』の広がり

志士・仁人は、生を求めてもって仁を害《そこな》うことなく、身を殺してもって仁を成すことあり。（『論語』【1】衛霊公篇）

志士は溝壑《こうがく》にあるを忘れず、勇士はその元《くび》を喪《うしな》うを忘れず。（『孟子』【2】滕文公下篇）

志士――幕末期の若者たちが、自分もそうありたいと憧れた生き方である。

西暦二世紀、後漢の孟子注釈者趙岐《ちょうき》は「志士とは義を守る者」といい、それから千年後、南《なん》宋《そう》の論語注釈者朱熹（朱子）は「志士とは志ある者」とする。高い志を持って義を守る人物、それが志士であった。

『論語』や『孟子』は古くから日本で読まれていた。『論語』は、『古事記』に応神天皇のとき、百済からもたらされたと書かれており、それは史実ではなかろうというのが現在の歴史学界の通説だが、かなり古くから貴族たちの間で読まれていたことはたしかであった。

また、十八世紀の国学者上田秋成《うえだあきなり》の『雨月物語《うげつものがたり》』には、西行法師のせりふとして「『孟子』を積んだ船は神々の怒りに触れて海に沈み、日本には辿り着かない」とあるが、実際には平安時代の宮廷に持ち込まれていた。いわゆる国風《こくふう》文化なるものも、こうした漢籍の素養を基礎としてはじめて華開いたのである。ただ、それは京都の上流階級の間での話にすぎず、『論語』と『孟子』は日本列島に暮らす大多数の人々とは無縁の書物であった。したがって、「志士」ということばもまったく重要ではなかった。

十四世紀、南北朝時代に書かれた作者不詳の軍記物語『太平記』に、児島高徳《こじまたかのり》という人物が登場する。架空の人物ではないかともされるが、彼が最も活躍する場面で、そのせりふの中に上記『論語』の一節が引用されている。鎌倉方によって囚《とら》われの身になってしまった後醍醐《ごだいご》天皇を救出する企てにあたって、自分の命を犠牲にしてもそれを実現しよう、という決意表明として語られるのだ。

十九世紀はじめ、頼山陽《らいさんよう》は『日本外史《にほんがいし》』に『太平記』に見える児島高徳のせりふを収録した。『日本外史』という本は、平安時代の源平両家興隆以来の武士の歴史を描いている。当時の武士が、自分たち武士の歴史を学習した書物である。また、このころ、朱子学の普及にともない、

『論語』『孟子』も貴族（公家）や僧侶の独占物ではなく、武士や裕福な農民・町人によって読まれるようになっていた。

当時の若者たちは、かくして、天皇陛下のために悪者を懲らしめる「志士」の姿に自己投影するようになる。

庶民の目線で中国思想を解釈

儒教の経典の一つに『春秋』という歴史書があり、孔子が編纂したとみなされていた。歴史書なのでさまざまな事件を記録しているのだけれども、孔子はその記録の仕方を工夫し、そうすることによって事件の当事者たちを批評したのだと考えられた。たとえば、主君殺しに見て見ぬふりをした大臣は、まるで彼が犯人であるかのように記録される。こうして正義の所在を明らかにする書物として、『春秋』は東アジアにおける歴史書の典範《てんぱん》となり、『日本外史』もその思想を継承している。

『春秋』の本文を解釈する学術を、春秋学と呼ぶ。春秋学は、時代による変遷を経ているが、朱熹によって大成された朱子学において大義名分論が力説されるにいたる。君主は常に尊く、中華の文明は守られねばならない。春秋学の中で培われていた「尊王攘夷《そんのうじょうい》」という考え方が、朱子学の中で特に強調される。

「王を尊び、夷を攘《はら》う」――『春秋』の中では、元来、周王朝をもり立て、漢族以外の連中を中国の中心地（中原《ちゅうげん》）に近づけないことを意味した。朱熹のころには、漢族の宋王朝こそが正統で、異民族の遼《りょう》や金《きん》や蒙古《もうこ》（元《げん》）を排斥するために使われた。そして、十九世紀の日本では、「（将軍ではなく）天皇こそが王であり、（漢字や儒学を解さない）西洋人を列島に来させない」ことを意味するようになる。王としての天皇に忠誠を尽くすことを謳った「勤王」も流行語となる。周とは異なって、君主の称号が「王」でなく「天皇」だからという理由で、「尊皇」「勤皇」という漢字表現も誕生した（本稿では以下も「王」を使う）。

尊王攘夷の志士の一人、吉田松陰は、「草莽崛起《そうもうくっき》」を説いた。上流階級の支配層に任せるのではなく、民と呼ばれてきた普通の人々が政治意識にめざめ、天皇を中心とする日本本来の国の姿（「国体」といわれる）を取り戻すために立ち上がることを力説したのである。「草莽」は『春秋』の注釈書『春秋左氏伝《さしでん》』にも何度か見える語だが、松陰の念頭にあったのは主として次の『孟子』の文言だったろう。

国に在るを市井《しせい》の臣といい、野に在るを草莽の臣といい、みな庶人をいう。（『孟子』万章下篇）

孟子の時代、「国」とは諸侯の都の意味であった。都会にいるのが市井の民、農村にいるのが草莽の民である。孟子の原意は、そうした庶民も諸侯に仕える者だから大切にせねばならないという、為政者向けの発言であった。しかし、朱子学における解釈の転回を経て、この文言は、庶民であっても臣下としての自覚を持つべきだという、一般読者向けの発言に変質した。十六世紀に生まれた陽明学の中では、さらに一歩を進めて「在野」の者でも国事を議する資格を持っていると主張する傾向が生まれた。

松陰は、(市井というべき)江戸や京都ではなく、長州の萩に住む自分の同胞・仲間を「草莽」と表現した。そして、以上のような中国における『孟子』解釈の歴史の延長線上に、彼らの「崛起」を提唱した。松陰が『孟子』の講読会を主催していたことは有名である。

上田秋成は『雨月物語』で西行法師の口を借り、日本の国柄は革命にそぐわないから、革命を是認する『孟子』は神々の意に沿わないと説いていた。しかし、幕末には、こうして、庶民が立ち上がって世の中を変革することが主張されるようになる。

「やむにやまれぬ　大和魂」から老中暗殺計画を企て、松陰は政治犯として処刑される。その思いは弟子たちに受け継がれ、長州藩を中心とする討幕運動が成就する。だが、彼らはそれを「革命」とは呼ばなかった。儒教で「革命」とは王朝交替を意味する。天皇の政治復権にすぎない以上、この用語はふさわしくない。当初「御一新」といわれていた体制変革は、やがて「維新《いしん》」と表現されるようになる。

「維新」の出典は、『詩経《しきょう》』に載っている、周の王家を讃える詩句。「維」は発語の辞で特段の意味はない。訓読でも「これあらたなり」と読む。したがって、いわゆる熟語ではないのだが、この二文字が「革命」とは異なる意味、（大化）改新とか（建武）中興とかと同類の表現として、政府によって採択されたのである。出典としては『詩経』なのだが、この句を引用している『大学《だいがく》』という本が、朱子学における必読入門書の役割を果たしていたことが、この語が選ばれた大きな理由であろう【3】【4】。「国体」と「維新」の語義変遷については、拙著『増補 靖国史観』（ちくま学芸文庫、二〇一四年）で詳しく述べているので、ぜひお読みいただきたい。

中国文明の影響

尊王攘夷運動の思想的淵源として、儒学（儒教・漢学）と並んであげられるのが、国学《こくがく》である。国学では、日本が天照大神《あまてらすおおみかみ》の神勅《しんちょく》によって万世一系の天皇を君主として上に戴く万邦無比《ばんぽうむひ》の国体をそなえており、八百万《やおよろず》の神々に守護された優れた国であるとする。もともとは、中国起源の儒教やインド起源の仏教に対抗して、日本の特殊性と神聖性を主張する文脈で登場した考え方であった。

だが、十九世紀なかばには蘭学を通じて日本でも知られるようになってきた西洋文明を敵視するものとなり、特に幕末には断固たる鎖国維持を唱える人々の間で信奉されるようになっていた。

しかし、その内実は「日本古来の自生的な伝統」ではない。国学の起源は平安時代の国風文化に遡ることができるだろう。そこで中心的地位を占めていたのは「敷島の道《しきしま》」、すなわち和歌の研究と実作であった。国風文化・仮名文学の時代とされる平安時代後半においても、漢詩文の研究と実作のほうが文化的地位は高く、和歌や仮名は「国風」、原義としては「地方的な特徴をそなえた文学」として一段低く見られていたのである。「国風」とは儒教の経典『詩経』の部門用語で、「(宮廷ではなく) 地方の歌」なのである。

政治的実権が武家の幕府に移ると、京都の公家たちは文化に特化した形で自分たちの存在意義を主張するようになる。『古今和歌集』や『源氏物語』について、公家の中にそれらの権威と称する家柄が固定化し、存続していた。

十七～十八世紀になると、契沖《けいちゅう》や荷田春満《かだのあずままろ》・賀茂真淵《かものまぶち》といった、公家文化とは一線を画す人たちが登場する。真淵はそれまでの『古今和歌集』を尊重する伝統に対して『万葉集』の再評価を提唱した。その弟子を称する本居宣長《もとおりのりなが》は、『源氏物語』の新しい注解を著した他、『古事記』を神典とする歴史観を打ち立て、「漢意《からごころ》」を排除して「大和心《やまとごころ》」もしくは「和魂《やまとだましい》」を提唱した。

とりわけ、宣長没後の門人と自称する平田篤胤《ひらたあつたね》の一派は、対外的な政治的危機に敏感に反応して、天皇を中心とする形で外国の影響をしりぞけ、日本の独自性・純粋性を守ろうと志す。尊王攘夷派の志士には、平田派国学の出身者が多い。

しかしながら、以上述べてきた国学の源流から見てもそうであるように、彼らの発想は決して「日本古来の伝統」ではない。そもそも、天照大神が日本を自分の子孫が永遠に統治することを宣言したという神勅（天壌《てんじょう》無窮《むきゅう》の神勅）は宣長が再評価した『古事記』には載っておらず、『日本書紀』にのみ見える挿話である。『日本書紀』は正規の漢文で書かれているため、宣長から「漢意」と指弾されていた。彼の評価は客観的にも正しい。「天壌無窮」という語は、その発想も、そしてまたその表現（漢字表記）も、中国文明の影響抜きにはありえないからである。「万世一系」もまた、秦《しん》の始皇帝《しこうてい》が、子々孫々、皇帝として世界を統治しつづけることを宣言した発想に由来する。中国や韓国では王朝交替があり、万世一系が曲がりなりにも実現しているのはたしかに日本だけだった。その意味で、国学派が言うように、日本は特殊である。

だが、その価値観は、実は中国でも共有されていた。十世紀に宋の宮廷を訪れた奝然《ちょうねん》は、『日本書紀』に基づく天皇系図を進呈する。それを見た宋の太宗《たいそう》皇帝は「ああ、うらやましい」と感嘆したのであった。日本人だけの価値観ではないのである。

かくして、幕末の志士たちを鼓舞した用語の多くが、大陸伝来の思想に根ざしていた。本居宣長や吉田松陰の「やまとだましい」は精神論の次元で使われるにとどまり、志士たちは「志士」と呼ばれる時点で、実際には儒教の言説空間すなわち「漢意」に絡《から》めとられていたのである。

注　儒教の四書と呼ばれる『論語』『孟子』『大学』『中庸』について

[1]『論語』は孔子（紀元前五五二〜紀元前四七九）の言行や弟子・諸侯・隠者との問答を儒家の一派が編集したもの。編纂の事情ははっきりせず、門人たちの間でたくわえられた記録が伝承され、孔子のものとは考えにくい話も入っている。紀元前二〇〇年ごろに編纂されたと考えられる。処世の道理、国家・社会的倫理に関する教訓、正しい礼儀作法のありかた、政治論、門人の孔子観など多方面

にわたる。人間の最高の徳として「仁」をおき、そこにいたる道を礼と楽とを学ぶことに求める。儒教の原初的な理念、また周代の政治、社会情況を知るうえでも、最も基本的な資料。

【2】『孟子』は孔子の思想を継承した孟子（紀元前四世紀に活躍）の言行を弟子が編纂したもの。性善説を中心に仁義礼智を説き、王道政治を提唱している。江戸時代、朱子学の流行とともに必読の書となった。孔子の仁の思想を承けてそれを仁義の二字によって解釈した。性善説を唱え、さらに仁義に基づく王道政治を強調した。本性や天を強調する点で観念性が強く、五倫などの封建倫理を盛んにさせることに力をいれるが、いっぽう不徳の君主を改易する主張などもあり、封建体制下で非難も受けた。儒学必修の経典。

【3】『大学』は孔子と曾子（前五一〇ころから四三〇ころ）によるもの、もしくは曾子およびその門人の著作ともいうが、実は紀元前三世紀のもの。もともとは『礼記《らいき》』の一篇だったが、宋代以後独立した。朱熹の校訂によって現形に固定された。北宋の程頤は「孔子の遺書」とし、だれの著作かを明言しなかったが、南宋の朱熹は『大学』を経と伝とに分け、経は孔子、伝は曾子のものと主張した。しかしこれは根拠が薄いとされる。大学教育の目的を「明明徳・新民・止至善」におき、これを達成する修養の順序として「格物・致知・誠意・正心・修身・斉家・治国・平天下」をあげ、最終目標を「己れを修めて人を治める」にあるとした。

【4】『中庸』も朱熹が編纂しなおしてから定本となった書物。作者や成立時期は確定していない。司馬遷の『史記』に「孔子の孫の子思が『中庸』を作った」とあるので、後漢の鄭玄も南宋の朱熹も作者を子思（紀元前四八三ころ～紀元前四〇二ころ）と認めてきたが、現在では疑わしいとみなしている。朱熹が三十三章に区分してから、それが定本となった。中庸とは、過不及がなく平常行うべき道理という意味。生まれつきの性質を「性」（徳性）、その性に従って行うべきを「道」といい、その道を整えるのを「教」という。誠は天の道であり、誠に至ろうと努めるのが人の道である。誠こそは物事の根本であり、君子はこの誠を大切にしなければならないとし、中庸の誠の域に達する修養法が説かれている。

初出は『歴史読本』二〇一一年六月号（新人物往来社）。松下村塾・土佐勤王党・新選組・海援隊などが居並ぶ特集「時代を変えた幕末英雄と組織」で、「特集研究」として依頼されたもの。佐幕にせよ倒幕にせよ、命を張って活動した志士たちにそうさせた思想資源としての儒教を解説してみた。

江戸時代の儒教受容——岡山をめぐって

（二〇一〇年二月十一日、岡山市内での講演）

二月十一日紀元節について

毎年二月十一日は建国記念の日、昔の紀元節です。この紀元節の根拠は『日本書紀』に書かれた神武天皇即位の日付にあります。「辛酉年春正月庚辰朔、天皇即帝位於橿原宮（辛酉の年の春正月庚辰朔、天皇 帝位に橿原の宮に即く）」。初代天皇である神武天皇は、正月元旦に即位したということになっています。このときの正月元旦というのは、いわゆる旧暦、東アジアの暦でした。

明治維新後の明治五年（一八七二）、日本も西洋の太陽暦（一五八二年に制定されたグレゴリオ暦）を採用することが決まります。このときに、神武天皇が即位した日本国にとって記念すべき日を、いままでどおり一月一日として太陽暦の一月一日にずらすか、それとも別の手段をとるか、当時の政府が考えることになったのです。

太政官というのは律令制度時代に存在した官庁ですが、これが明治時代になって実質的に復活しました。この太政官の布告に、「第一月廿九日　神武天皇御即位相当日ニ付、祝日ト被定……」とあります。明治六年からは太陽暦になるのですが、旧暦の一月一日は明治六年の一月二十九日に相当しているわけです。「神武天皇御即位日、紀元節ト称セラル」、ここで初めて紀元節という名称が決まりました。

太陽暦と旧暦とでは大体一カ月のずれがあります。たとえば二〇一〇年は二月十四日が旧暦の一月一日に当たり、中国や台湾、韓国の人たちは、いまでもこの旧暦に従って正月休みを取りますので、それらの地域ではこの日を中心に年末年始のお休みに入ることになります。

さきほどの太政官布告は明治六年の太陽暦一月二十九日が旧暦一月一日に相当する日であることから、一月二十九日を神武天皇即位の日として祝日にしようという布告であったわけです。これがずっと効力を持ち続けていれば、いまでも一月二十九日が建国記念日であるはずなのですが、そうはなっておりません。

なぜかといいますと、明治六年太政官布告三百四十四号によって、紀元節を二月十一日にするということに定まったからです。これは、明治七年の場合には、旧暦の一月一日は太陽暦で二月十一日にあたるためでした。明治六年では一月二十九日、明治七年では二月十一日、このように毎年旧暦の新年は太陽暦で異なる日付になりますから、紀元節も毎年変わることになってしまいます。それでは不便だということで、以後は日付を固定して太陽暦の二月十一日をもって紀元節とすることにしたわけです。ですから、明治六年のみ一月二十九日が紀元節に当たる日で、明治七年以降は今日に至るまで二月十一日が紀元節、すなわち建国記念の日ということになったわけです。つまり、二月十一日が建国記念の日なのは、明治七年がたまたまそうだったというだけの偶然によるもので、明治六年の日付をもちいていれば一月二十九日だったはずだし、そうであってもなんら支障はないのです。

儒学の大義名分を広めた明治維新

神武天皇が即位したとされるのは、『日本書紀』の紀年によりますと、西暦では紀元前六六〇年に当たる年です。十九世紀末に歴史学者那珂通世《なかみちよ》が、これは辛酉《しんゆう》革命説という古くからの考え方に基づいて、『日本書紀』を編纂したころの学者たちが算定した虚構であると断定いたしました。そもそも紀元前七世紀には、日本にはまだ中国から文字も暦も伝来しておりません。ですから、その年の元旦に神武天皇が即位したというのは、歴史的にはまったく考えられないわけです。

ところが、江戸時代に儒学の大義名分思想を基に、将軍といえども天皇の臣下にすぎないとする非現実的な思想観念が発生、流行いたします。そしてこれが、教育を通じて一般的な常識となってまいります。明治維新というのは、この摩訶不思議な教説がもたらした復古的な革命運動であったというのが、私の明治維新理解です。幕末の志士たちは、この復古的な革命運動という思想にかぶれた若くて青い連中であったのです。

そうした志士たちの中で、現在最も人気があるのは坂本龍馬です。

二〇一〇年のNHK大河ドラマは『龍馬伝』でした。その中で武市半平太《たけちはんぺいた》（武市瑞山）が土佐勤王党を結成します。天皇が日本の主《あるじ》であり将軍はその家来にすぎないという考え方を信奉し、土佐において広める役割を果たした人です。その武市半平太が岩崎弥太郎にむかって言った、非常に印象深いせりふがありました。「わしのところで『近思録』を学ばぬか?」。武市半平太が塾を開き、後に土佐勤王党のメンバーになるような若い志士たちを教育しているのですが、そこに岩崎弥太郎を誘ったときのせりふがこれです。

私の専門とする中国の儒教、宋代の朱子学という儒教の学派がありますが、『近思録』はこの朱子学の書物です。大河ドラマ『龍馬伝』の中でも、武市半平太が若者たちに教えていた教科書、教材は『近思録』だということがちゃんと言われているわけです。

さて、その岩崎弥太郎が武市半平太の向こうを張って塾を開きます。これは史実ではなくドラマ上の作り事ですが、その岩崎弥太郎が近所の子どもたちを集めた塾で、何の教材を使っているのだろうと耳を澄ませていましたら、彼が「外史氏いわく」と本を読み上げておりました。これは頼山陽の『日本外史』という書物だと思われます。頼山陽はこの書物の中で自分のことを外史氏と書いてあるのです。

実は、NHKの大河ドラマでは、『日本外史』が大活躍していまして、二〇〇八年の『篤姫』でも、主人公が薩摩にいるときに、この『日本外史』を熱心に読むシーンがありました。NHKはいろいろ制作費を切り詰めているらしいので、『篤姫』で使われた『日本外史』のあの本をそのまま、『龍馬伝』の岩崎弥太郎の塾で使っているのかもしれません。

篤姫が『日本外史』を本当に読んでいたかどうか、私は存じません。ただ、あり得ることだと思います。幕末期の日本において、『日本外史』はいまでいうベストセラーだったのです。当時の武士たち、先ほどいいました志士たちを中心として、志士でない武士も含めて、日本の歴史を学ぶ場合に、まずこの『日本外史』を読むというところから入っていったようです。

江戸時代の儒学者たち

それから、『龍馬伝』の中に岩崎弥太郎の少年時代の先生として岡本寧浦《ねいほ》という人が出てまいりました。一回だけ出てきて、すぐに死んでしまいますが。彼は土佐の安田浦の出身だったので寧浦という号を付けたと言われています。もともとは浄土真宗のお坊さんでした。

岡本寧浦は、広島の頼春水《しゅんすい》と頼杏坪《きょうへい》兄弟や福岡の亀井南溟《なんめい》・昭陽《しょうよう》父子に学びました。頼春水は先ほどの頼山陽のお父さんです。亀井南溟と昭陽は福岡の儒者です。

さらには、江戸の安積艮斎《あさかごんさい》。いままでほとんど一般に知られていなかった儒者だと思いますが、岩崎弥太郎が何度も「江戸には安積艮斎という偉い儒学者がおられるんだ」と話す場面がありました。弥太郎が安積艮斎について知ったのは、自分の土佐での先生である岡本寧浦から聞かされたという設定だと思います。

こうした当時のそうそうたる顔触れに学んだのが岡本寧浦でした。さらに、この人は大坂で先ほどの『日本外史』の頼山陽や、有名な大塩平八郎（大塩中斎）と交遊しています。日本各地の高名な儒者たちと交流していた岡本寧浦、その名声を聞き付けて、実は岡山藩が、自分のところに召し抱えようと動きます。それを知った土佐藩では、取られてなるものかと、すかさず彼を土佐に呼び戻したということです。もし土佐藩が呼び返していなければ、岡本寧浦は幕末期に岡山にいて、この地で弟子を育て、彼らが幕末期に何らかの形で活躍したかもしれません。

人材を輩出した幕末期の岡山

岡本寧浦を岡山藩が招聘しようとしたころ、いまの岡山県からは、そうそうたる顔触れの学者たちが生まれております。ざっと名前だけ紹介していきます。

まずは、山田方谷《ほうこく》がいます。この人は陽明学者で、備中松山藩（いまの高梁市）の執政として活躍しました。幕末、大政奉還のころに老中をしていたのが松山藩のお殿様の板倉勝静《いたくらかつきよ》でしたので、それに伴って佐幕派と見られていろいろ苦労もしたようです。

阪谷朗廬《さかたにろうろ》という人もいました。彼は岡山県西部、いまの井原市の代官の息子です。この人は大坂の大塩中斎の門人で、渋沢栄一の師匠でもあります。渋沢栄一は、明治時代に財界の基礎を築いた非常に有名な人で、岩崎弥太郎とは郵船会社をめぐってライバル関係になる人でもあります。阪谷朗廬は明六社という啓蒙主義思想グループのメンバーでもあります。

三島中洲《ちゅうしゅう》は倉敷の出身、彼は先ほどの山田方谷の門人で、二松学舎の創立者です。明治年間の後半は、まだ皇太子であった大正天皇の先生になりました。三島中洲の思想的な特徴として、義利合一論というのがあります。しばしば儒教の中では、義、正義ということと、利、金もうけということは相反するんだというふうに考える学者たちが多かったのですが、三島中洲は、そうではない、本来、義と利というのは一致するものだと主張しました。義利合一論の思想は渋沢栄一などにも受け継がれ、相互に影響を与え合っています。渋沢栄一は『論語と算盤』という本を書いていますけれども、彼の思想とも通じるものがあります。実際に、渋沢と三島は親しく交際していたようです。

以上が、分類としては儒学者、儒教を学んだ学者たちですが、岡山は幕末期には洋学者のほうにもそうそうたる顔触れがいまして、緒方洪庵《おがたこうあん》、箕作秋坪《みつくりしゅうへい》、津田真道《まみち》といったような人たちも生み出しております。

古くから大陸とつながりを持つ土地柄

彼ら儒学者たちの大先輩ともいうべき人物が、吉備真備《きびのまきび》です。彼は八世紀のなかば、日本に律令制度を定着させる上で大きな貢献をしました。すなわち、中国に行って、中国の律令を学んでまいります。いまに置き換えれば、アメリカに行ってアメリカの法制度を学んで、これがグローバルスタンダードだといって日本に持ち帰って、日本の国制を定めた方です。

それから、十三世紀初頭に活躍した栄西《えいさい》禅師、彼は日本の臨済宗の祖とされているわけですし、『喫茶養生記』で知られるように、お茶の世界では日本にお茶を広めた第一の功労者といわれています。

あるいは、十五世紀の雪舟。絵を描く坊さんですね。こうした人たちが、幕末より前の時点で中国に自ら出掛けていき、さまざまなものを日本にもたらしたわけです。

ただ、江戸時代になりますと、日本人が外国に行くことはできなくなります。

例えば、熊沢蕃山《くまざわばんざん》が中国に出掛けて直接陽明学を勉強していれば、私はそういう話ができるわけですが、そういうことはありませんでしたし、山田方谷が中国に出掛けて陽明学を直接学んでいれば、向こうでどういう経験をしたかという話ができるわけですけれども、そういうことがないわけです。最近は鎖国という言葉を研究者の間ではあまり使わなくなってきていますが、江戸時代、いわゆる鎖国の中で、人の行き来は限定されていました。

ただ、岡山などの瀬戸内海の沿岸では、普通の人たちでも外国人を目にする機会がまれにありました。それが朝鮮通信使です。岡山では牛窓が有名です。朝鮮国王の使いとして江戸の将軍のところへ行く使節団が、船団を連ねて瀬戸内海を通る途中に泊まる港で、ここに来れば朝鮮人に会えたわけです。

朝鮮通信使というのは何十年に一回ですから、そうめったに見られるものではありませんが、実際にそうした人たちに触れる機会が岡山にはあったわけです。そうした意味で、岡山県というのは古くから中国や朝鮮と交流が続いていた土地でありました。

光政に登用された熊沢蕃山の『大学或問』

岡山における江戸時代の儒学の受容ということで誰を取り上げるべきかといえば、これはもう何といっても藩主だった池田光政《いけだみつまさ》であると思います。池田光政とセットで語られるのが熊沢蕃山です。蕃山は、一六四五年から一六五七年にかけて光政の片腕として岡山藩の政治に携わって活躍し、この後隠居してしばらくまだ岡山にいて、その後追放されてしまいます。

岩波書店に『日本思想大系』というシリーズがあります。日本の古代から近代の直前までのさまざまな思想家たちの著作の代表的なものを集めたもので、その第三十巻が熊沢蕃山です。一九七一年に出ています。その中に、蕃山の主著の一つである『大学或問《だいがくわくもん》』という本が収められています。

この『大学或問』は、蕃山が岡山を離れてから書いたものですので、この中で彼が書いている主張は、岡山藩の光政の下でとられた政策というわけでは必ずしもありません。けれども、やはり共通するところが多い。当たり前のことですけれども、蕃山の考え方と、これからご紹介する光政の政策というのは内容的に重なっておりますので、そうしたことも含めてご紹介しておこうと思います。

『大学或問』というのは、Q&Aの形式をとっています。実際に質問があって答えたというよりは、蕃山自ら架空の質問者になって問いを投げかけ、それに対して自分で答えているという自問自答の本です。その中に、仏法の再興についての問いがあります。「仏教をもう一回、再び興すということについて、先生はどうお考えですか」。その答えは、いまの日本、蕃山が言っているいまの日本ですから十七世紀なかばのことですが、いまの日本には、お寺は多いし、お坊さんもたくさんいるし、見かけ上、仏教は非常に盛んである。しかし、「真実に仏法によりて出家したるものは、万人に百人ならん」。つまり本当の意味でのお坊さんは一%しかいない。仏教を真剣に修行するという以外の社会的、政治的な理由によって出家している人たちばかりであるというわけです。それは、本来の仏教が盛んだということにはならないというのが蕃山の考え方です。本心から仏教を修行しているのではない坊さんは、坊さんをやめさせて、還俗させて働かせるほうがいい。そのほうが仏教そのもののためにもなるということを言っております。

では、なぜそんなに仏教が盛んに見えるのか。坊さんが十七世紀のなかばに多いのか。蕃山の分析によると、といいますか、蕃山のみならず普通にいまでもそう言われていることでしょうが、対キリシタン政策です。キリシタンを取り締まるために、江戸幕府は仏教を活用します。日本国民は全員仏教徒たるべしというのが江戸幕府の政策で、逆に言えばキリシタンは一人も許さない、キリシタンであってはならないということです。

仏教寺院が、この人はキリシタンではありません、うちの寺の信者です、うちの寺の檀家ですということを証明する制度を寺請《てらうけ》制度といいます。死ねばみな坊さんにお経を上げてもらい、墓も仏教の寺の世話になり、その後法事もすべて込みで、仏教の世話にならなければいけない。日本国民一〇〇%仏教徒というのがこの当時の状況でした。蕃山に言わせると、これが仏教の堕落を招いているというのです。

「今、寺請を止て、天下の人の信不信に任せば、檀那寺持ざるもの大分ならん。然らば僧は飢に及びなんか」という問いがあります。寺請制度をやめてしまうと、お坊さんの多くは失業してしまうのではないかという質問です。それに対して、蕃山の答えは、まあそうなったら、いまの言葉で言うと国庫から負担するとか、公共のお金を使うとか、それによって坊さんたちを養えばいいではないか、と。それから、勝手に出家したり、本当は別に仏道修行するつもりではないのに何となく出家してしまったり、そういう連中を禁止すればいいではないか。そうすれば、本当の意味での僧侶が飢えて困るようなことはなくなるというのが、蕃山の考え方でした。

池田光政が取った神儒一致

では、寺に代わって、蕃山が何に期待していたかといいますと、「神道の再興すべき事いかが」とあります。神道です。ただ、蕃山はこの神道なるものも、「今世間に神道といへるは、昔の社家の法なり。神道にはあらで神職の人の心用ひの作法なり」という言い方をして、必ずしも神道そのものを褒めてはおりません。仏教と相対立するものとして神道というのがある。岡山藩の場合、池田光政の政策として、先ほどの寺請ではなく神職請、神道の神主さんに身分保障させる政策を取ったわけです。

池田光政の岡山藩における宗教政策は、当時の他の諸藩に比べて、ある特色がありました。神儒一致、神仏分離、神職請ということです。全国的には寺請で、仏教寺院に、何の何兵衛さんは仏教徒、うちの寺の檀家である、だからキリシタンではないという証明をさせていたのですが、岡山に関してはそれを神社にさせていました。神道でそれを行っていたのです。

神道というのは、それまで仏教と不可分離のものでした。神道はそもそも日本古来存在していたものではありません。先述のように、江戸時代に生まれた考え方が幕末期に大々的に宣伝され、明治国家によって正式に採用された歴史認識によって、日本に大昔からあった信仰体系だとみなされるようになったものです。

江戸時代には、仏教徒になれというお触れが全国に出ているぐらいですから、仏教が圧倒的な力を持っています。神道なるものは、その仏教と不可分離の関係を持っていました。普通それを神仏習合《しんぶつしゅうごう》と言っております。「習合」といいますと、もともと別個の二つのものがあとから一緒になったような感じがします。でも事実はそうではありません。神仏習合というのは特殊な形態ではなく、仏教伝来以来ずっと日本の宗教のあり方であったのです。

光政は、その神仏をあえて分離します。神道と仏教は別のものであると。ただし、いまも言いましたように、神道というのは、それまで歴史的に独立して存在しておりません。そこで、どういう形でその神道なるものを作り上げていったかというと、これが神儒一致という考え方です。仏教が圧倒的な力を持っており、それまでは仏教と神道が一致していました。儒教も仏教にくっつく形で流布しておりました。例えて言うなら、仏教という売り上げナンバーワンの企業がある。儒教と神道はどっちがどっちだかわかりませんが、二位と三位である。この二位と三位のものが連合して、あるいは合併して、第一位の仏教に対抗しようとした、それがこの神儒一致という動きです。これは室町時代までは原則的に見られません。ないと断言はできませんが、盛んになるのは江戸時代になってからです。江戸時代における儒学思想の受容ということで言うと、仏教から独立した形で儒教が受容されるようになる、あるいはそれが日本古来のものと考えられてきた神道と連合戦線を組む、一致すると考えられるようになる、これが大きな特徴です。

中国儒教の影響を受けた宗教政策

光政は、淫祠《いんし》破壊、えたいが知れないと彼が考えたやしろを壊します。やしろとかほこらというのは、何らかの神様を祀っているわけですから、広い意味では神道の中に属するわけですが、光政の目から見て正しいいわれのある神様ではないものについては、そうしたほこら、やしろを壊す政策を取ります。それと裏表の関係になりますが、いくつかの神社を一つにまとめさせます。例えば、三カ所でばらばらに祀られていたものを一カ所にまとめる。そうすると、当然あとの二カ所についてはつぶすということになるわけですが、こうした淫祠破壊、神社合祀《ごうし》の政策をいたします。

実は、これは中国において、儒教の中で行われていた政策なのです。中国の王朝システムというのは、基本的に儒教によっております。その国家の仕組みの中で、こうしたえたいの知れないほこらやしろを壊す、あるいはいくつかばらばらになっているものを、これは本来一つのものであるべきだといって一つにまとめる、そういう政策を中国ではかなり古い時代から行っております。

誤解があるといけませんので、一言補足しますと、儒教も神様を祀ります。いちばん尊いのが天の神で、この他に地の神や、皇帝の祖先や孔子など、もともと人であった神もいます。これらの神々を祀る施設が全国にあって、これを国家が統制しているのです。やしろという漢字（社）

やほこらという漢字（祠）は、もともと、中国で儒教の施設の名称でした。日本では古来、神道の施設にもともと儒教の用語であったこれらの漢字をあてはめたのです。神儒一致という江戸時代の考え方は、こうした背景があって登場したともいえるでしょう。

中国では、儒教において神々をどう祀るかというのは重要な政治課題、社会政策でした。先ほどの『龍馬伝』の武市半平太のせりふに出ていた『近思録』という本にもそういうことが書いてあり、そうした書物等の知識を通じて、江戸時代の初期には、儒教の本を読む人の間では知られていたはずです。池田光政も熊沢蕃山も、中国に留学した経験はありませんが、そうした本を通じて知識は持っていたのです。ですから、神儒一致の考え方に基づく淫祠破壊、神社合祀といった政策は、光政や蕃山が独自に思い付いたのではなく、中国の儒教の影響なのです。そういう意味で、これを儒教思想の受容といってよかろうと思います。

岡山藩においては光政の時代に、神職請によってむしろ仏教を抑圧するという政策を取っています。表の顔としては神道という顔をしているのですが、その中身は実は儒教なのです。といいますか、このように儒教の考え方に基づいて形成されてきたのが、いわゆる「神道」であろうというのが私の見解です。神道というのは、二六七〇年前の神武天皇の即位のときからあったわけではないのです。

蕃山は、その後、江戸幕府中枢の林羅山やその子の鵞峰《がほう》から嫌われまして、岡山から追放される形になります。けれども、光政のこうした宗教政策は基本的に彼の代は続きます。ただ、彼が隠居し、亡くなった後、息子の綱政の代になりますと、江戸幕府からの干渉もあったのでしょう、神職請の制度はやめて、寺請に移行していきます。

このように、これは光政一代限りの政策でした。しかし、光政が蕃山を登用してこういう宗教政策をとるに当たっては、儒教の影響が非常に強い。日本の江戸時代初期における儒教思想の受容の一つの姿として理解してしかるべきでしょう。

儒教式の墓を建てた池田光政

もう一つ、光政は飲酒を抑制しました。戦国時代の侍というのは暴れ回って酒を飲んでというタイプの連中が多かったと思われます。それに対して、あまり酒を飲むなよという命令だったと思います。いわば一種の文明化です。

本来、儒教では飲酒を禁止しているわけではありませんし、神道でもお神酒といって神様とともにお酒を飲みます。むしろ本当はお酒を飲んではいけないのは仏教ですよね。中国や韓国からの留学生が日本に来てびっくりするのは、仏教のお坊さんが平気でお酒を飲むことです。戒律によって、お酒は飲めないはずなのですから。

ところで、光政は、もう一つ儒教的な宗教政策をとります。自分のうちのご先祖様の祀りです。光政のおじいさんは織田信長・豊臣秀吉に仕えた池田輝政です。輝政やその息子の利隆は、京都の妙心寺に墓がありました。彼らは臨済宗の妙心寺を菩提寺に選んだわけです。ところが、光政は妙心寺が火事に見舞われたのを機に、遺骨を岡山に持ち帰って改葬します。そのとき、寺ではなく、家臣の津田永忠に命じてわざわざ儒教式の墓を建てているのです。池田家の墓所、和意谷《わいだに》です。いまの備前市にあって国の史跡に指定されています。さっき神職請の話をしましたが、神儒一致ですから、彼にとっては神道と儒教は同じものなので、我が池田家は仏教ではないぞよという宣言であったと思います。

大名が儒教式の墓を造るというのは江戸時代には結構ありまして、水戸黄門こと徳川光圀《みつくに》の水戸藩も儒式の墓を造っています。光政とだいたい同じ時期です。ただ、多くの儒式墓は江戸時代の後半になってからなので、この光政の儒式墓は、水戸の儒式墓とならんで最初期のものです。しかし光政の死後、そうした政策が修正されますので、光政も死後は仏式の戒名を持ち、仏教式の法事を上げてもらっています。

寛文期の三名君・保科正之

さて、この光政は、徳川光圀、保科正之《ほしなまさゆき》と並んで、四代将軍家綱のときの年号を用いて寛文期の三名君と言われております。

あとの二人について紹介しておきます。

保科正之は会津松平家の初代藩主で、幕府でも重要な役を任され、将軍家綱の補佐を務めた大名です。彼は二代将軍徳川秀忠《ひでただ》の隠し子、こっそりよそで産ませた子どもです。秀忠は家康の息子ですから、つまり家康の孫ということになります。彼は、山崎闇斎という江戸時代初期を代表する儒学者、この人は土佐で勉強してそこで儒学に目覚めた人なのですが、その山崎闇斎に師事いたしました。この山崎闇斎という人も、さっきの光政の宗教政策のところで紹介しました神儒一致を信条にしておりまして、儒者なのですが、神道のほうにも造詣が深い。というか、彼の中ではそれは一致するものなのです。この闇斎の唱えた神道の流派を垂加神道《すいかしんとう》と呼びます。垂加というのは闇斎の神道風の号です。闇斎というのは儒教風の言い方で、垂加というのが神道風の言い方ということになるのです。この山崎闇斎もしくは山崎垂加を保科正之は非常に重用いたしまして、そうした思想的な影響もあって、会津藩ではやはり神儒一致の政策が取られるわけです。

『大日本史』の編纂を始めた徳川光圀

徳川光圀は、いまさら紹介するまでもないかもしれません。TBS系列の時代劇「水戸黄門」でおなじみです（二〇一七年十月からはBS・TBSで放送）。彼は初代水戸藩主頼房の三男です。頼房は家康の息子ですから、この人も家康の孫です。保科正之とはいとこ同士ということになるわけです。彼は、中国からの亡命儒学者朱舜水《しゅしゅんすい》という人に傾倒しました。また『大日本史』という歴史書の編纂を開始します。

この『大日本史』、これも実は大河ドラマ『篤姫』の中に出てきました。篤姫が将軍御台所になるというときに、一番反対しそうなのは水戸のお殿様、斉昭でした。光圀の子孫です。そこで、斉昭に気に入られるために『大日本史』を勉強して、彼の前で『大日本史』の話をしたので、すっかり気に入られて御台所になれたというドラマになっていました。これも史実ではないと思いますが。ただここで興味深いのは、申し上げたように彼女はその前に『日本外史』を読んでいたという設定になっていることです。この二つの歴史書は共通する思想傾向をもっています。といいますか、頼山陽は『大日本史』の普及版として『日本外史』を書いたといっていいかもしれません。

実は、この『大日本史』というのが、そもそも徳川将軍、水戸光圀にとっては本家ですが、徳川将軍家というのも天皇の臣下にすぎないという考え方、歴史認識に基づいた本なのです。これは非常に分量の多い本でして、一般の人がなかなか読み通せるものではありません。これに対して『日本外史』は分量的にも文章的にも、『大日本史』の思想を受け継いで書かれた普及版として、幕末のベストセラーになったのです。そうして天皇こそが日本の王様だという歴史認識を広めたわけです。

保科正之や池田光政をドラマの主人公に

徳川光圀は民放のドラマですでに充分有名ですが、保科正之はそうでもないからでしょうか、彼が若い時に藩主をしていた長野県の高遠では、大河ドラマにしてもらおうという運動がありました。

旧高遠藩主の保科正之のＮＨＫ大河ドラマ化を目指している「名君保科正之公の大河ドラマをつくる会」は二月十二日、東京都新宿区役所で全国組織の設立総会を開く。発足後初めての活動は七度目になるＮＨＫへの要請。正之生誕四百年に当たる二〇一一年までのドラマ化実現に向けて始動する。（二〇〇八年一月十四日付の長野日報の記事をウェブサイトから引用。現在は削除されている）

まことに残念ながら、この二〇一一年の大河ドラマ（『江〜姫たちの戦国〜』）の主人公は、皮肉なことに、保科正之のお父さん徳川秀忠の正妻、お江でした。

つくる会は旧高遠町が二〇〇四年に設立した。福島県会津若松市、猪苗代町など正之ゆかりの地と協力して百万人が目標の署名活動を展開。昨年十一月には目標の四分の一に当たる二十五万人を突破した。全国組織は伊那市が中心になり、これまでの協力団体と長野、福島の両県が参加。徳川三百年の礎を築き、殉死の禁止や玉川上水の開削、大火直後の江戸の復興などの善政を敷き、江戸時代初期に「天下の三賢」と言われた正之の功績を全国から発信する。設立総会には自治体や各種団体の代表者約三十人が出席する予定。午前中に初会合を開き、活動方針や年間計画、役員などを決める。午後から二十五万人の署名を持ってＮＨＫのドラマ制作部門の責任者に趣旨を説明し、ドラマ化を要請する。同会は、「正之公が会津藩に残した家訓には思いやりの心や民のための政治、順法精神などが記されている。倫理観が欠如しているとされる現在の世の中でこそ正之の心が求められている」とドラマ化の意義を話す。

私は、この「倫理観が欠如しているとされる現在の世の中でこそ正之の心が求められている」という箇所にまったく同感です。坂本龍馬とか、お江とかというような人物を主人公とするより、保科正之を主人公にしたドラマを作っていただいたほうが、教育的には非常にいいと思います。でも、きっと未来永劫実現しないでしょうね。正之はめかけ腹の隠し子ですから。最近、ＮＨＫ大河ドラマは現代社会の倫理道徳をそのまま過去に持ち込んでの健全なる一夫一婦路線です。二〇〇六年の『巧名が辻』の山内一豊《やまのうちかずとよ》や二〇〇九年の『天地人』の直江兼続《なおえかねつぐ》は、当時としてはきわめてまれな、側室を持たなかったとされる武将です。二〇一〇年『龍馬伝』の坂本龍馬もおりょうと夫婦仲がよかったということになっています。そして、二〇一一年はお江でした。天下人である夫秀忠が、他の女性とねんごろになることを許さなかった怖い奥さんです。こういう人物をわざわざ主人公に選んでいるのは、「非嫡室子は認めません」とでも言っているかのようです。これでは、保科正之が、彼自身がいかに立派でも、その出生からして主人公にはしてもらえないのではないかと思います。

殉死の禁止は儒教による文明開化

さて、江戸時代初期の儒教の受容の中で、もう一つ特徴的なお話をしておきたいと思います。それは寛文三名君のあとの二人、保科正之と水戸光圀にかかわる話で、殉死の禁止ということです。殉死の禁止は、儒教による文明開化だと私は考えています。さっき、光政公が酒を飲む量を抑制した、あまり酒を飲むなよというお触れを出したという話をしましたが、ある種それと同じことです。

戦国時代というのは非常に殺伐とした雰囲気がありました。殉死というのもそうですが、主人と家来の関係がねんごろでした。もっとはっきり言ってしまえば、殿様がかわいがる家来というのは肉体関係にある家来なのです。関係をもった女性をかわいがるのはもちろんですが、同じように関係をもった男性の家来も重用したわけです。武田信玄と高坂弾正や、織田信長と森蘭丸の関係は有名です。一夫一婦路線のNHKは決してそう描いていませんでしたが、私は上杉景勝と直江兼続も若いころには関係をもっていたろうと想像しています。男色は別に異常なこととみなされてはいませんでしたから。

そうしたこともあって、ご主人が死ぬと後追い自殺をするという習慣がありました。その習慣がなかば強制的になってくると、あいつ殿様にあんなにかわいがってもらったのに何で後追い自殺しないんだと周りから白い目で見られて、本心ではしたくないのだけど詰め腹を切った人もたくさんいたのではないかと思います。それを、保科正之や徳川光圀はお触れを出して禁止したのです。これは儒教を学んだからだと私は考えます。

そもそも儒教の古典の一つである『孟子』という本の中に、孔子の言葉として、「始作俑者其無後乎（始めて俑《よう》を作る者は其れ後無からんか）」という文言があります。俑というものを最初に作ったやつはきっと子孫がいなくなっているだろうという意味です。どういうことかといいますと、俑というのは、秦の始皇帝陵の兵馬俑を思い出していただければよいのですが、一体一体がとても精巧に人間そっくりに作られています。孔子は「こんなに人間そっくりのものを墓に埋める風習を始めた残酷なやつは、罰があたっているに違いない」と考えたのです。

孔子が生きていた時代よりも昔、殷《いん》の王様の墓からは大量の殉死者の骨が出てきます。正確に言いますと、骨が出てくるのでこれは殉死者だろうと考えられているわけです。つまり、王様が死ぬと、その王様に仕えていた人たちが一緒に、殺されていたのか自ら死んでいたのか、とにかく墓に埋められるという慣習がありました。

それに対して、孔子の時代になりますと、そうした生身の人間ではなく、身代わりの人形として俑を埋めるようになります。秦の始皇帝陵の兵馬俑もそういうものです。

孔子が殷の時代の殉死のことを知っていたかどうかはわかりません。けれども、儒教の文脈では、王様の墓の中に、仕えていた人間そっくりの人形を埋めることすら孔子様は批判していました。ましてや生身の人間を殉死させるなどということは人道的にとんでもないことだというのが、この『孟子』という本が書かれて以来、儒教の中にずっとある考え方です。

平和な江戸時代に見合った士道の確立

ところが、日本の戦国時代から江戸時代の初期にかけては、先ほども言いましたように、殉死というのが麗しい慣習と考えられて、盛んに行われていたわけです。森鷗外の小説に、『興津弥五右衛門の遺書』とか『阿部一族』という殉死をテーマにした小説があります。家光の時代に、こうしたことが行われてきたのです。

それに対して、水戸の徳川光圀や会津の保科正之は、藩内においてこれを禁止いたします。光圀の場合、先代の頼房が死んだときに、殉死しようとしていた家来に対して殉死してはならんと禁じました。保科正之も自分の藩で殉死を禁じます。

幕府としても四代将軍家綱が後を継いだときの武家諸法度の布告にあわせて、口頭で殉死を禁止します。正之自身が腹違いのお兄さんである家光にかわいがられて幕閣の中枢に入り、甥に当たる四代将軍家綱の補佐役として幕府の政治を事実上つかさどりますから、この政策は正之の考え方の反映だと理解していいでしょう。さらにこれは正之死後になりますが、五代将軍綱吉のときの武家諸法度では殉死禁止が明文化されました。

それまでの主従関係では、家来は殿様個人に仕えていました。上杉謙信というお殿様が素晴らしいから私は謙信に付いていきます、池田光政という殿様が素晴らしいので私は光政に付いていきます、と。だから、光政公があの世に行かれたら後からすぐに追いかける、そういう関係であったのです。しかし、戦国の殺伐とした世の中が終わり、平和な時代になります。幕府や藩という組織が出来上がり、そこを中心とした安定した社会になりました。そうすると、武士は殿様個人に仕えるのではなくて、幕府や藩という公的な機関に仕える者というふうに変質してくるわけです。ですから、自分が仕えていた殿様が死んでも、自分がどんなにかわいがってもらっていても、後追い自殺をするのではなく、次の代の若殿を補佐する、あるいは次の世代の家臣団を年長者の視線から温かく見守る、そういう役割を果たすようになっていきます。戦国時代の殺伐さとは異なる平和な江戸時代に適用する侍の道、士道というものが求められるようになっていき、それに先鞭をつけたのが光圀や正之だということになります。

士道の核を成した儒学

彼らが殉死を禁止したのは、先ほど言いましたように、儒教に古くからある考え方をヒントとして取り入れたのだろうと思います。儒教を日本的に受容して、侍たちの中にも儒教の道徳を刷り込んでいくという仕組みが江戸時代に出来上がったのです。鎌倉時代や室町時代にももちろん儒教はありました。あるいは、もっと前の律令制度というのも吉備真備らの努力で当時の中国の儒教を受容したものでした。しかし、それは政府の中枢で学ばれるものに限られていて、鎌倉時代以降実権を握っていた武士たちの間に儒教が本格的に広がるのは江戸時代になってからです。そのときに、侍たちの生きる道である士道、さらにそれに武の字をつけて武士道と呼ばれるようになるわけです。この士道の核を成す倫理道徳として儒教が使われるようになっていくのです。

やがて、侍というのは殿様個人に仕えるのではなくて、もっと大きい公のもの、公共のものに仕える者、奉仕する者であるという観念が広がります。この日本列島の中での公的機関、つまり日本国なる国の最も中核になる存在としての天皇が浮上してくるわけです。

一方で、水戸藩での『大日本史』の編纂とか、頼山陽の『日本外史』というような歴史書、その他中国の儒教の本、武市半平太のせりふで紹介した『近思録』などという本が読まれるようになると、そうしたものによって、天皇を中心にして日本を考えなければいけないという思想が出来上がってきます。これは江戸時代もかなり遅くなってからだと考えられていますが、幕末期には、侍たちのそうした素養、教養というのは儒教を中心とするものになっていくわけです。

先ほど例に挙げた森鷗外の小説、あるいは夏目漱石の『こころ』が、乃木希典の殉死という衝撃的な事件をきっかけにするものだということは皆さんご存じだと思います。明治天皇の後追い自殺を大喪《たいそう》の礼の当日に行った人です。こういう文脈からいうと、乃木希典は儒教的な文明人ではなくて戦国時代と同じ野蛮人だということになってしまいますね。ただ乃木自身ももちろん儒教の教養は持った人です。

二月十一日紀元節というところから話を始めましたが、翌日二月十二日は菜の花忌、司馬遼太郎の命日です。司馬遼太郎は坂本龍馬を国民的な英雄にしたてあげた『竜馬がゆく』などの中で、儒教は封建的な古くさい道徳で、それに対して西洋のものが素晴らしいという歴史観に立っています。しかし、儒教が江戸時代において果たした役割は、むしろ「文明開化」に資するものであり、そのことは教育の普及にもつながっていたのであるということ、幕末維新期に日本中で数多くのすばらしい人材が輩出したのは、こうした儒教教育のおかげでもあったのだということを強調しておきます。

初出は『温故知新——中国と岡山、第25回国民文化祭・おかやま2010支援連続講演会記録集』（吉備人出版、二〇一〇年）で、そこでの題は「江戸時代儒学思想の受容と岡山」。国民体育大会と対をなす「国民文化祭」が岡山県の担当だった際に、連続講演の講師の一人として呼ばれて話した筆記録。本書収録にあたり、表現をかなり修訂した。

保科正之とその同志たち――江戸儒学の黎明期

保科正之の生涯

保科正之は西暦一六一一年に江戸で生まれた。父親は時の征夷大将軍徳川秀忠、母親は神尾氏という武士の出で名は静と伝えられている。秀忠はいわゆる側室を持たなかった。その理由は、妻の江（江与とも、公的な名告《なの》りは徳子）が嫉妬深かったからとか、父家康のあまりの艶福家ぶりに反感を持っていたからとか諸説あるが、正確なところはわからない（拙著『江と戦国と大河――日本史を「外」から問い直す』光文社新書、二〇一一年）。少なくとも、史書に記録された秀忠の子で江が腹を痛めていないのは正之一人である。

正之は最初武田信玄の娘見性院の下で育てられ、やがて元は武田家譜代の家臣であった保科家の跡取り養子となる。この間、江とはもとより、秀忠とも親子として面会していないし、ご落胤としての認定も受けていない。秀忠恐妻家説の有力な根拠である。

江は浅井長政《あさいながまさ》の娘で織田信長の姪ではあるけれども、それ以上に豊臣秀吉の養女として大坂城と聚楽第で育ったことに自信を持っていたと思われる。徳川家への輿入れは下賜であり、彼女や彼女が連れてきた侍女たちは「太閤殿下の娘」として江戸城の奥に君臨していたのだ。そもそも、秀忠の「秀」字は秀吉から賜ったものだったし、秀吉在世時の徳川親子の姓は豊臣であった。江戸開府後も大坂落城後も、江が御台所として江戸城の女主人でいられたのは、夫婦の愛情とかいう近代的な理由からではなく、彼女が「秀吉の養女」だからであった。秀忠が現代家庭一般に見られるような恐妻家（＝愛妻家）だったかどうかはさておき、側室を置かなかった事実は、江の政治的地位の重さを示してあまりある。

江が生んだ二人の男子（家光と忠長）は、将軍と「駿河大納言」になった（もっとも、弟のほうは江の死後、改易《かいえき》処分となり、やがて自害する）。これに比べて、家臣の家の跡取りに養子として出されるという正之の処遇はあまりにも違いすぎる。保科家は彼を迎えて加増され、大名になるけれども。

正之は一六三一年には養父の遺領信州高遠三万石を相続、出羽山形二十万石を経て一六四三年に会津移封《いほう》（二十三万石、他に領地五万石）。会津は十六世紀末以降、伊達→蒲生→上杉→再び蒲生→加藤とめまぐるしく領主が交替していた。肥沃な盆地を擁する戦略的に重要な土地柄ゆえである。正之の襲封《しゅうほう》は、家光が（同母弟忠長の場合と異なって）正之を信頼していたことを示している。

一六五一年、家光の遺命により甥の将軍家綱の補佐役となり、幕府を主宰する任につく。代替《だいが》わりによる武家諸法度の改訂では、追い腹（殉死）禁止を口達し、一代限りではなく家代々への奉公こそが武士の道であるという考え方を天下に弘めた。一六五七年に江戸を襲った明暦の大火では、非常時における指導者の見本ともいうべき迅速かつ果断な措置で城下町の復興を成し遂げた。一六六八年には多年の功績により、松平の名告りと葵紋使用とを許されたものの、固辞。翌年、家督を正経《まさつね》に譲り、一六七二年に薨《こう》じた。その墓は後述する彼の思想信条に遵い、当時あらたに発明された神式によった（土津霊神）。

彼の子孫は（保科でなく）松平を名告り、朝廷から参議に任じられる家格となった（参議の中国風の呼称は宰相）。正之の遺訓で将軍家への絶対的忠誠を貫いたことが一八六八年の悲劇を招くけれども、ここでは触れない。

正之時代の東アジア情勢と朱舜水

正之が活躍した十七世紀中盤の東アジアは一大激動期であった。一六四四年、明の首都北京が李自成率いる反乱軍の手に落ちる。皇帝は縊死、朝廷は瓦解する。この機に乗じ、明の国境守備将軍呉三桂の先導で清の大軍が来襲、李自成を討ち滅ぼした。以後しばらく明の亡命政権と清との軍事抗争が続くが、一六六二年までには清が雲南や台湾を攻略して片を付ける。ところが、今度は呉三桂らが清に反旗を翻し（三藩の乱）、中国本土は再び戦火に見舞われた。康熙帝《こうきてい》という稀代の名君の下、ようやく清が東アジアに安定した政治秩序を回復するのは、正之死後のことであった。

鄭成功《ていせいこう》（国姓爺《こくせんや》）が、日本人を母に持つ縁もあって、清と戦うべく江戸幕府に援軍出兵を要請してきたのは、家光の時代、正之が会津に移って間もないころのことである。幕府内部でもまじめに出兵が議論されたものの、日本の国益にならないとして静観することになる。もしこの時、出兵が決せられていたら、正之の後半生は大きく変わっていただろう。ことによると前線指揮官として大陸に渡り、清軍相手の戦闘を繰り広げていたかもしれない。

「日本史」の枠組みを自明視する一国史観では、秀吉の朝鮮出兵は一過性の特殊な事件であり、家康ら五大老政権による即時撤兵決定によって正常な状態が回復したとみなしてしまう。もちろん、結果として、以後、明治維新のあとの征韓論や台湾出兵まで（琉球や蝦夷地への侵攻を除いて）日本は海外派兵をしなかった。だが、それは結果を知る私たちの特権にすぎないのであって、十七世紀なかばには別の道もありえたのである。

加えて、明清鼎革が単なる王朝交替ではなく、異民族による中華占領であったことが、当時の幕府首脳部を刺激した。御用学者林鵞峰（羅山の子）はこれを「華夷変態」と表現した。夷が華に取って代わる事態の現出。幕府は、日本も朝鮮での戦争で明から夷と見られたことを自覚したうえで、満州族の清を自分の同類とは見ず、文化的に劣位にあるものと認識した。それには、鄭成功の他にも日本に明の再興援助を期待する人士がいたことが作用している。

宇治萬福寺の開山隠元隆琦や、名古屋に外郎《ういろう》を伝えたとされる陳元贇《ちんげんぴん》、そして朱舜水。朱舜水は浙江省の人。一六四五年にはじめて長崎に来航して以降、大陸と七度往復して反清活動を展開した。だが、一六五九年、復明の早期実現を断念して筑後柳川藩儒安東省庵《あんどうせいあん》の庇護を受けて長崎で暮らすことになる。一六六四年、水戸藩主徳川光圀に招聘されて翌年江戸に下向。以後、駒込の水戸藩中屋敷に住まいを与えられて八十三歳の天寿を全うした。

折しも水戸藩邸では『大日本史』編纂事業が始まっており、文献上の証拠はないが、漢文で書かれたその原稿を、批評を求められて彼は目にしたことだろう。小石川の上屋敷に造営された庭園に、宋代の名宰相范仲淹《はんちゅうえん》の文章からとって「後楽園」と名付けたのは、彼である。実際のところは定かではないが、後楽園にはいまも朱舜水が設計したと伝わるアーチ型の石橋が遺っている。『大日本史』は南朝正統史観に立ち、楠木正成や新田義貞を顕彰した。朱舜水も駒込屋敷に隣接した本郷台地に住まう加賀金沢藩主前田綱紀《まえだつなのり》から楠木正成の絵を見せられ、忠義の人として彼を顕彰する文章を草した。のちにその書は摂津湊川にある正成の墓に、光圀の指図で刻まれる。表に光圀自身が揮毫《きごう》した墓名は「嗚呼忠臣楠子之墓」。

朱舜水自身の墓は、水戸藩領内に光圀が造営した藩主一族のための墓域に特別に設けられた。菩提寺にではなく、神儒一致説に基づく神式によって、明の忠臣儒者として異国の地に葬られたのである。

好学大名と江戸儒学の黎明

水戸の徳川光圀、金沢の前田綱紀、会津の保科正之、それに岡山の池田光政の四人は、儒学を愛好した名君として後世並び称され、いまも日本史の教科書に列挙されている。元和偃武《げんなえんぶ》により大名同士の内戦が終結し、島原の乱が平定され、援明出師もしないことになって、武士は戦う機会を喪失した。軍団総帥である各地の大名たちは為政者としての性格を強めていく。その際、経済や文化を振興するために積極的に学ばれたのが、朱子学であった。好学大名たちは競って優秀な儒学者を招聘する。朱舜水は儒教の本場から渡来したスターとしてもてなされたのであった。

前述した追い腹禁止は、正之の指令と相前後して、光圀も水戸藩内で布告している。儒学の倫理というと忠君愛国、「天皇陛下の赤子として喜んで戦死すること」という誤解がいまなお一部に遺っているが、この発想は戦国の遺風に由来する武士道の要素にすぎない。「死ぬことと見つけたり」の葉隠武士道とは異なって、江戸時代初期の名君たちは儒学によって部下を教育しなおし、その文明開化を図ったのだ。忠義の対象を生身の主君から藩や幕府という組織に代えていく試みとして。それは甚大な愛顧を被った兄家光から、甥の後見と幕府の運営を委ねられた正之自身の生き方でもあった。

彼ら好学大名たちは、朱子学が説く道徳政治論、「修己治人《しゅうこちじん》」を信条とした。「自分自身の人格を修養したのち、為政者として人の上に立って政治にあたる」。彼らは朱子が説いたこの規律を遵守したのである。「後楽園」すなわち「庶民がみな安心して暮らせる世の中になったその時に、おくれて自分も楽しむための庭」。その所信がどこまで徹底したかはさておき、少なくとも、自分の贅沢三昧を誇りにして「聚楽第（天下の楽しみを集めた邸宅）」を造った豊臣秀吉との相違は明確であろう。「秀吉の養女」と正之とは、ここでも「なさぬ仲」だったのかもしれない。

岡山藩の場合には熊沢蕃山という、一般には陽明学者に分類される人物が一時期藩政に参与した。しかし、その政策は朱子学を批判するというような性格のものではない。そもそも、中国明代において朱子学と陽明学に本質的な相違点があるわけではなく、また当時の日本では両者を峻別しようという意思はまだ薄かった。林羅山の師であった藤原惺窩は朱陽折衷的な学説を弘め、京都に「京学」と呼ばれる流派を開いた。その系譜から木下順庵《じゅんあん》（綱紀に仕えた加賀藩儒）が出て、十八世紀に活躍する新井白石（甲府藩儒から直参として幕府閣僚になる）や雨森芳洲《あめのもりほうしゅう》（対馬藩儒として朝鮮との外交を担当）や室鳩巣《むろきゅうそう》（将軍吉宗の学術顧問）を育てることになる。

儒教内部における朱子学批判は、武士たちに「士道」を説いていた兵学者山鹿素行《やまがそこう》から生じた。林家（羅山・鵞峰のあと世襲で幕府直属の儒者となった）との軋轢もあって、素行は赤穂に配流される。その影響力をどこまでのものと見るかは難しいが、一七〇三年の赤穂浪士による吉良邸討ち入り事件は、彼の存在がなかったら違う形を取っていただろう。京都では、町人出身の伊藤仁斎が朱子学者としての煩悶を経て「古義」を旗印に、朱子の経書解釈を批判する学塾を開いていた。彼よりさらなる激越な朱子批判を展開する荻生徂徠（柳沢吉保の家臣、将軍吉宗の学術顧問）が活躍するのは、保科正之が亡くなってから五十年近く経った後のことになる。

仁斎の塾の目と鼻の先に、山崎闇斎が教える塾があった。元禅僧で、高知で土佐藩執政野中兼山《のなかけんざん》と知り合ってから朱子学に目覚め、「朱子没後の朱子学者たちの書物は読むに値しない」というほど原理主義的に朱子を信奉した人物である。一方では、これまた神儒一致説の下、垂加神道を創唱し、「つつしみ（敬）」を重視した思想家であった。そして、正之のブレーンにして盟友、親密な同志であった。

江戸の林家、京学の木門（順庵門下）、水戸学、それに崎門（闇斎門下）。朱子学の各流派はそれぞれに微妙な差異をはらみながら十八世紀に展開し、陸奥白河藩主松平定信が推進した寛政の改革で官学・正学としての地位を手に入れる。これに対抗する仁斎学・徂徠学・陽明学との交響、後発の国学との葛藤が、江戸儒学史を彩っていく。

保科正之は江戸時代の思想文化のこうした方向性を定めることになる重要な時期に活躍し、実際、同志たちとともにその方向を定めたのであった。

初出は『福島県立博物館秋の企画展　生誕四〇〇年記念　保科正之の時代』（福島県立博物館、二〇一一年）。会津若松市での企画展に寄せた文章で、展覧会中に招聘されて同所で講演も行った。福島原発事故の直後であり、明治時代以降の近代文明化路線の負の側面が大きく意識された時期でもあった。

東アジアの視点からみた靖国神社

靖国神社の「自己紹介」

靖国神社の公式ホームページには、以下のような自己紹介が掲載されています。

靖国神社は明治2年（1869）6月29日、明治天皇の思し召しによって建てられた東京招魂社が始まりで、明治12年（1879）に靖国神社と改称されて今日に至っています。
靖国神社は明治7年（1874）1月27日、明治天皇が初めて招魂社に参拝された折にお詠みになられた、「我國の為をつくせる人々の名もむさし野にとむる玉かき」の御製からも知ることができるように、国家のために尊い命をささげられた人々の御霊を慰め、その事績を永く後世に伝えることを目的に創建された神社です。「靖国」という社号も明治天皇の命名によるもので、「祖国を平安にする」「平和な国家を建設する」という願いが込められています。

靖国神社には現在、幕末の嘉永6年（1853）以降、明治維新、戊辰の役（戦争）、西南の役（戦争）、日清戦争、日露戦争、満洲事変、支那事変、大東亜戦争などの国難に際して、ひたすら「国安かれ」の一念のもと、国を守るために尊い命を捧げられた246万6千余柱の方々の神霊が、身分や勲功、男女の別なく、すべて祖国に殉じられた尊い神霊（靖国の大神）として斉しくお祀りされています。（中略）

靖国神社には戊辰戦争や、その後に起こった佐賀の乱、西南戦争といった国内の戦いで、近代日本の出発点となった明治維新の大事業遂行のために命を落とされた方々をはじめ、明治維新のさきがけとなって倒れた坂本龍馬、吉田松陰、高杉晋作、橋本左内といった歴史的に著名な幕末の志士達、さらには……（中略）……大東亜戦争終結時にいわゆる戦争犯罪人として処刑された方々などの神霊も祀られています。

このあと、ホームページには「参考資料」と書いてあるクリックする欄があります。クリックいたしますと、いわゆる神政連、神道政治連盟のホームページにリンクするようになっています。その神政連のホームページでは「A級戦犯とは何だ！」と題して、極東軍事法廷やサンフランシスコ講和条約第十一条について論じている（講演時。現在は違う内容）。内容はご想像の通り、それらへの批判なのですが、その文章が読めるようにリンクを張っています。靖国ホームページで「いわゆる戦争犯罪人」という表現を使っているのは、「いわゆる」をつけることで靖国神社としては同意していない、「戦争犯罪人」だと思ってないことを言いたいわけです。リンクを張っているのは、神政連のホームページにある文章を読んでみてくれということなのでしょう。靖国神社の歴史認識では、「昭和時代の殉難者」ということになるのです。

靖国神社の沿革は、一八六八年（明治元）に戊辰《ぼしん》戦争と呼ばれる日本国内での大きな内戦があり、いわゆる明治維新が成就し、翌年、東京招魂社が設立されたのがはじまりです。一八七七年（明治十）に西郷隆盛を中心とする西南戦争が起きるとこれが契機になり、その翌々年、靖国神社という名称に改まる。神社の格としては別格官幣社です。その後いろいろとあり、一九四五年（昭和二十）に敗戦となります。戦争に負けます。その翌年、GHQの政策等もあり、靖国神社は宗教法人となります。つまり国家に属するのではなく、独立した宗教法人になります。そして一九七八年（昭和五三）に「昭和殉難者」を合祀しました。

つまり、靖国神社は明治の初めに、明治維新を受けて設立されたということです。もちろん靖国に祀られています「神霊」（英霊ともいいます）のほとんどが「この間の戦争」、靖国神社の言い方では満洲事変、支那事変、大東亜戦争になりますけれども、この間の戦争であるアジア太平洋戦争の死者が数の上では圧倒的に多数です。しかし、量的にではなく質的に考えた場合には、靖国神社は明治維新を受けてできた神社です。その流れでアジア太平洋戦争、あるいは昭和の殉難者にまでつながっているということです。

「英霊」の出典――藤田東湖の「和文天祥正気歌」

靖国の祭神のことをふつう「英霊」と呼びます。この「英霊」という言葉を靖国神社はどこから採ってきているかというと、藤田東湖という人の「和文天祥正気歌」（文天祥の正気の歌に和す）という漢詩です。その漢詩の中に「英霊」という言葉があり、「英霊未嘗泯（英霊　未だ嘗て泯《ほろ》びず）」という句になっています。

一体この詩はどういう詩でしょうか。文天祥というのは中国の政治家です。十三世紀の後半に活躍した人です。宋が滅んで、モンゴルの元に代わられるときの宋の宰相でした。モンゴル皇帝のクビライは、この文天祥を自分の臣下にしようとしたのですが、それを拒んで結局処刑された人物であります。この文天祥という人が「正気の歌」という漢詩を作っておりまして、江戸時代には日本でもかなり人気があった詩です。いろいろな人がこの文天祥の「正気の歌」の模倣作を作っていて、例えば吉田松陰にも、やはり「正気の歌」という漢詩がある。藤田東湖もそうした流れの中でこの漢詩を作りました。藤田東湖は御三家・水戸藩の家臣です。当時、藩主を引退しても力を持っていた徳川斉昭の側近として活躍した人物です。

東湖の「文天祥の正気の歌に和す」は、次のように始まります。

天地正大気　粋然鍾神州（天地正大の気　粋然《すいぜん》として神州に鍾《あつ》まる）
秀為不二嶽　巍巍聳千秋（秀でては不二の嶽と為《な》り　巍巍《ぎぎ》として千秋に聳《そび》ゆ）
注為大瀛水　洋洋環八洲（注ぎては大瀛《だいえい》の水と為り　洋洋として八洲を環《めぐ》る）
発為万朶桜　衆芳難与儔（発《ひら》きては万朶《ばんだ》の桜と為り　衆芳　与《とも》に儔《なら》び難《がた》し）
凝為百錬鉄　鋭利可割鍪（凝りては百錬の鉄と為り　鋭利　鍪《かぶと》を割くべし）

この宇宙には正しく大いなる気があり、その純粋なところが神州（日本のことです）に集まっている。その証拠として、富士山・大海原・桜・鉄（日本刀の原料）といったものが日本の誇るべき自然として存在しているという書き出しです。これは文天祥の「正気の歌」のほうがやはり宇宙・世界が気によって構成されていると詠っているのを受けているのですが、東湖は、正気は中国よりも日本のほうにこそ集まっているのだと主張しているのです。日本こそが世界の中心、中華だという考え方で、東湖が属していた水戸学によく見られる意見です。もともと日本は中国からみれば夷狄《いてき》だったのですが、この詩では日本こそが中華だとして、日本における攘夷思想を説く前提になっています。

以下、話題は自然界から人間界に移ります。

藎臣皆熊羆　武夫尽好仇
（藎臣《じんしん》は皆熊羆《ゆうひ》　武夫は尽《ことごと》く好仇）
神州孰君臨　万古仰天皇
（神州孰《たれ》か君臨せる　万古　天皇を仰ぐ）
皇風洽六合　明徳侔太陽
（皇風　六合《りくごう》に洽《あまね》く　明徳　太陽に侔《ひと》し）
不世無汚隆　正気時放光
（世に汚隆無きにあらざるも　正気　時に光を放つ）

藎臣とは忠義の臣下のこと、武夫は武士です。彼らがみな強くてすばらしいのも正気が日本に集まっているからです。そして、その君主として古来、天皇がおり、その風気が六合つまり全土に充満して太陽のように照らしているというのです。人間界からみても日本こそが中華であるという主張です。ただ、時には汚れた時代もある。そうした時にこそ、正気が光り輝くという論理展開です。

東湖は以下、その実例として歴史上の人物・事件を紹介していきます。たとえば、「或いは鎌倉の窟に投じ、憂憤まさに慍慍《うんうん》」というのは、後醍醐天皇の皇子である護良《もりよし》親王の故事です。それから次の「或いは桜井の駅に伴ひ、遺訓何ぞ殷勤たる」というのは楠木正成が息子の正行と桜井の駅で別れたことを詠んでいるわけです。次は「或いは伏見城を守り、一身万軍に当たる」。これは一六〇〇年（慶長五）の関ケ原の合戦の直前に徳川家康の臣下の鳥居元忠が伏見城を守っていて、そこを石田三成方が襲って元忠は討ち死にした故事を讃えたものです。次の「或いは天目山に殉じ、幽囚君を忘れず」というのは、一五八二年（天正十）に武田勝頼が織田信長の軍勢に攻められて天目山で滅びるわけですが、小宮山友晴という人は勝頼の臣下だったけれども、ある事情があって遠ざけられた。幽囚とありますから幽閉されていたのですが、それでも主君の危機ということで天目山に駆け付けた忠義の臣下です。必ずしも厳密に時代順ではないですね、鳥居元忠と小宮山友晴では二十年ほど順序が逆になっています。

さて、関ケ原の戦い、大坂の陣をへて、江戸幕府の下で日本国が平和になります。「承平二百歳」、二百年間平和であったという表現をしています。「汚隆」の時代には正気をそなえた忠臣の行為がめだつけれども、「承平二百歳、斯の気　常に伸ぶるを獲《う》」、天下泰平の御代には正気がいつも満ちているので、かえって忠臣の行為が目立たない。戦乱時にはさまざまな人が忠義のために死んでいく。こういう立派な人たちがいるけれども、平和な時代になるとそういうことも特にない。それを「承平二百歳、斯の気常に伸ぶるを獲」と表現しているわけです。「斯気」、気ですね。詩のタイトル、文天祥の詩のテーマがそもそも「正気の歌」です。この気というのが、実は靖国神社の英霊なるものの正体を考えるときの重要なキーワードだろう、というのが私の考えです。靖国神社自身がこの詩が英霊という語の典拠だと認めているのですから。

江戸時代、平和な時代には「気」、正しい気、正気は常にのびのびとしている、鬱屈していない。尊王のために、逆臣足利尊氏によって鎌倉の洞窟に捕らえられたり、その足利尊氏との戦のために桜井の駅で息子に別れたりという非常事態はない。とても平和な世の中。しかしその次に

「然れども其の鬱屈に當たりては、四十七人を生ず」とあるのです。平和な時代だけれども、やはり鬱屈があると正気のために死んでいく人たちが出てくる。「四十七人」というだけで表現されているのは赤穂浪士のことです。

護良親王、楠木正成、鳥居元忠、小宮山友晴、あるいは赤穂浪士たちには、大事なある事柄のために死んでいった人たちだという共通点がある。その共通点ゆえに、その気というものがどうなるか。これが問題の先程の箇所になるわけです。「すなわち知る、人亡ぶといえども、英霊いまだかつて泯びず。長《とこしえ》に天地の間に在り、凛然として彜倫《いりん》を叙《じょ》す」。つまり、ここまで挙げてきた具体的な事例において、その人は死んでも英霊は滅びない。ずっと天地の中にあって、それが輝かしく人間社会にとって重要な人倫道徳というものを明らかにしているというわけです。だから靖国神社では祭神のことを「英霊」と、この詩から取って呼んでいるわけです。その「英霊」の正体は何かといいますと「気」であるわけです。

この詩の終盤では、藤田東湖は自分の置かれた時代と境遇のことを詠んでいきます。すなわち、彼の主君徳川斉昭が正しく尊王攘夷を志しているのに政治的に不遇であること、自分は斉昭の志を成就させるために生死も厭わない決意であることが宣言されています。

所謂「靖国問題」――祭神はなぜ「英霊」なのか

靖国神社の祭神、英霊は何のために死んだ人たちなのでしょうか。彼らは天皇のために死んだ人たちなのです。さっきの藤田東湖の詩でいう英霊は、必ずしも天皇のために死んだわけではありません。護良親王や楠木正成は、まあ後醍醐天皇に忠義を尽くして死んだということになるのでしょうが、彼以外の鳥居元忠、小宮山友晴、赤穂浪士、いずれも自分が直接仕えている主君のために忠義を尽くして死んでいった人たちで、それを英霊と呼んでいました。しかし、靖国神社では、護良親王と楠木正成が後醍醐天皇のためにそうしたように、英霊になるのは天皇のために戦って死んだ人たちに限定されます。

大東亜戦争、すなわち太平洋戦争の開戦詔書に、「帝国の存立、また正に危殆《きたい》に瀕せり。事既に此に至る、帝国は、今や自存自衛のため……」という箇所があります。つまり詔書によると、この戦争は国家の存立が危機に瀕しているので自衛のために米英両国に対して宣戦布告するという文言になっています。もちろんその前からすでに満洲事変や支那事変が始まっていますが、この詔書によって正式に開戦が布告されることになり、天皇の命令に従って従軍し現地で戦死する人たちが出てきます。この戦死者のことを靖国などでは「散華《さんげ》」という麗しい言葉で呼んでいるわけですが、その散華した兵士たちの「気」が英霊です。ですから、英霊は遺族にいちいちことわりをすることなく靖国神社の祭神として崇敬対象となる、そういう仕組みがあります。

数年前から台湾の、特に漢族ではない人たちが抗議活動を靖国神社で行っています。当時の名称で「高砂《たかさご》義勇隊」と呼ばれていた、その戦死者たちの子孫と関係者ですが、自分たちは自分たちの祖先が靖国神社に祀られることを求めてはいない、と。だから祀るのをやめてほしいという運動です。日本国内でもそういう人たちがいることはご承知かと思います。台湾からはこういう方々がいる一方で、李登輝氏のように熱心に参拝する方もおられます。彼はもともと大日本帝国の「臣民」で、のちに台湾こと中華民国総統になります。靖国神社に参拝した時点では総統職を退いておられたのですけれども、もともと国家元首です。しかも中華民国ですからポツダム宣言を発した、いわゆる戦勝国側です。お兄さんが靖国の英霊になっているために、彼の個人的な心情として英霊たちに参拝しているわけです。このように靖国を信奉している人もいます。外国でも靖国についての考え方は一通りではありません。特に台湾や韓国の場合には日本が植民地統治をしていましたので、当時は帝国臣民でもあり微妙な問題があるところです。

天皇が命令した戦争に従軍して、そして天皇のために戦って死んだ人が靖国の英霊になります。なぜかというと、その英霊の「気」が残っているから。藤田東湖の詩にある「気」が残っているのです。つまり靖国神社の英霊の正体は「気」なのです。「気」とは何かということですが、これは私が研究対象にしております中国の儒教の朱子学で重んじた用語です。朱子学におきましてはこの宇宙、この世界はすべて「気」によってできているという風に考えています。「気」でできている人間は死ねばその「気」がばらばらになります。しかし藤田東湖の詩にあるように英霊の場合、死んでも優れたことをやった、人間にとって大事なことのために死んだ人の「気」というものは滅びない。優れた行いをしてそれ故に死んでしまった人たちの「気」を讃え祀るのが靖国神社です。さっきから「気」というこの言葉をずっと連呼しておりますのは、幽霊ですとか、あるいはキリスト教でいう霊魂とは違うものだからです。

なお、靖国神社側の説明では、英霊は個々人別々ではなく、祀ったのちは一体化して分離できなくなります。ですから、「自分たちの先祖を英霊から外してくれ」という台湾の方々の抗議は、靖国神社の教義からすると不可能なのです。その子孫がどう考えようが、どういうふうに抗議しようが関係ないのです。合祀に遺族の承認がいらないというのはそういうことです。位牌やお墓をつくって、個々にその前でお祀り、お祈りするのとはわけが違う。質が違うのです。

靖国神社問題は国内問題

さて、政治レベルで靖国神社が国際問題になっていることはご存じの通りです。これに対して靖国神社に関わる問題は国内問題であって、外国の人にとやかく言われる筋合いのものではないという立場を表明している方々がいます。大原康男氏は國學院大學名誉教授で、靖国神社とも深く関わっておられる方ですが、この方が『いわゆる「A級戦犯」合祀と靖国問題について』（モラロジー研究所、二〇〇八年）というブックレットを書いています。その中で靖国について、中国や韓国からあれこれ言われるというのは筋違いのことで、靖国神社というのはあくまで国内問題だと論じています。実は私も学術的にはそうだと思います。私はその点に関しては大原氏の主張を学術的に支持します。靖国神社の教義に外国と関わる国際的な問題があるのではなくて、あくまで国内問題。それはどういうことかといいますと、大原氏はその文章の中でこのように書いています。

わが国には「過去を水に流す、死者をムチ打たず、墓を暴かず」という文化があります。これに対して中国は「死者にムチ打ち、墓を暴く」文化です。かつて南宋という国がありました。その国が金という異民族に攻められたとき、秦檜《しんかい》という南宋の政治家が妥協し、和平を結んだ。これは売国行為だと激しく非難され、この人と夫人の銅像を造っていまなお中国人は唾を吐き続けています、これが中国の文化です。

大原氏が「靖国神社は国内問題だ」と言い、「過去を水に流すとか、死者にムチ打たないという文化がわが国にあるんだ」と言っているその理由は、お察しのように、昭和時代の殉難者、いわゆるA級戦犯合祀の問題を意識していると推測できます。

一九七八年（昭和五十三）十月、この年に就任したばかりの新しい宮司、松平永芳が中心になって秘密裏に、靖国神社の中だけでごく内々に、昭和時代の殉難者として次の十四人を合祀しました。板垣征四郎・梅津美治郎《うめづよしじろう》・木村兵太郎・小磯国昭《こいそくにあき》・白鳥敏夫・土肥原賢二《どいはらけんじ》・東郷茂徳《とうごうしげのり》・東條英機・永野修身《ながのおさみ》・平沼騏一郎《ひらぬまきいちろう》・広田弘毅・松井石根《まついいわね》・松岡洋右・武藤章です。一般国民の知るところではなかったわけですが、翌一九七九年（昭和五十四）四月に合祀をしていたという事実がスクープ報道されます。しかしながら、そのことが直ちに国際問題に発展したわけではありません。

これが外交問題になっていくのは一九八五年（昭和六十）の八月十五日、敗戦の日に、中曽根康弘首相が公式参拝をした。公式参拝という言葉もよく意味がわからない言葉ですが、中曽根首相はこのときは「公式参拝」と言い切った。それを受けて、中国や韓国が不快の意を表明し、外交問題になりました。以後、靖国問題というと専らこの問題をめぐって議論されてきているわけです。大原氏は、外交問題になっているけれども、それはおかしい。靖国神社というのは国内の問題で、わが国の文化を象徴している。わが国の文化に根差しているものなのだから、外国から、けしからんというふうに言われる筋合いはない。そういう論旨になります。その意味では、学術的に私は大原説に賛同する者ですが、この後に大原氏が言っていることについては、私は学術的に納得できないのです。

秦檜と岳飛

大原氏は「秦檜という南宋の政治家は、いまだに売国行為をした人ということになっている。

いまでも中国人は唾を吐き続けている。これが中国の文化だ」と述べておられます。問題の秦檜夫妻の像は、杭州という町にある岳飛《がくひ》という英雄を祀る廟の中にあります。岳飛を死に追いやった秦檜と、その妻の王氏、この秦檜夫妻がひざまずいて、ともに上半身裸です。参拝者はこの二つの像に唾を吐きかけるのが慣例になっています。上には、岳飛廟の公式な注意書きが書かれていまして、「文明游覧、請勿吐痰」、つまり、「礼儀正しく観光しましょう。唾を吐きかけないでください」と書いてある。どこでもそうでしょうが、そう書いてあるということは、そうする人が絶えないということです。おまけに、直接的にこの像に危害を加えないように柵でかこってあります。これは秦檜夫妻を捕らえた牢屋を象徴しているというよりは、秦檜夫妻の像を観光客から守るための柵ではないかと私は思います。大原氏は「それと日本の文化は違う、日本は死んだ人にはもうムチ打たないんだ」とおっしゃっています。大原氏はいわゆるA級戦犯を非難する政治的な立場の人ではないわけですが、たとえそういうふうに不満を持っている人がいるにしても、もう死んだ人なのだから一緒に祀っていいじゃないかと考えるのが日本人だというのが大原氏の論旨で、「それが日本の文化なのだ、中国文化とは違うのだ」と言っているわけです。

この秦檜という政治家は、大原氏の文章にもあったように、金という国と戦争を続けることが国益に反するという政治判断をして、講和に踏み切った政治家です。しかし、一方で徹底的に金と戦うべきだと主張する人たちもいました。岳飛はその代表格でしたが、秦檜によって捕らえられ、処刑されます。しかし、秦檜の死後、主戦派のほうが主流派になると、秦檜は国賊と見られるようになりました。さすがに現在の歴史学では、秦檜が国賊だとまでは言いませんけれども、中国人一般の認識としてはいまでもそうです。だから岳飛廟であいう姿にされているわけです。

その主戦派の中心に道学という流派の人たちがおりました。この道学といいますのは中国の儒教の一つの流派です。秦檜は宋が金と戦っていた時期の人ですが、そのころ力を持つようになってきた学派です。朱子学をつくった朱熹という人自身が道学に属していた人です。朱子学は道学の中の一つの流派ですが、やがてその他の道学諸流派や、道学以外の儒教の諸流派も飲み込んでいって圧倒的な力を持つようになり、のちには中国のみならず韓国やベトナムや日本にも広がりました。

朱熹自身も主戦派で秦檜を国賊とする立場ですが、秦檜が国賊とされるのはそういう反対派による評価、レッテルにすぎないのです。金と融和政策を取った、宿敵であるはずの金にこびへつらった秦檜という人物を徹底的におとしめます。その際の重要なキーワードが「攘夷」です。宋の皇帝は漢民族です。彼らの認識として宋王朝は漢民族です。それに対して金は北方の女真族。野蛮人、夷狄なわけです。その夷狄を追い払うのが「攘夷」です。「攘夷」という言葉は中国で昔からある言葉ではありますが、朱子学によって重要な語彙としてもてはやされるようになりました。これは現実にそういう問題に直面していたからだと思います。宋は金という異民族国家と戦争をしているわけです。その異民族国家を中国本土から追い払うべきだ、これが攘夷思想ですので「攘夷」という言葉は昔からあったにしても、それが現実的な政策課題としてこのころ表面化するのです。秦檜はその「攘夷」に反して、夷狄と融和政策を取るわけですから、「攘夷」の考え方からすれば国賊だという論理です。

私は井伊直弼《いいなおすけ》という人は、そういう意味では日本の秦檜で、立場的に似ている気がします。井伊直弼は、ご存じのようにアメリカと修好通商条約を結ぶわけですが、それは野蛮人に屈服するものだというふうに、「攘夷」を唱える人たちが彼に反感を持ち、ついには彼を暗殺してしまうからです。

さて、その秦檜と対比されるのがさきほどの岳飛です。岳飛廟は岳王廟とも呼ばれます。つまり王の称号を与えられている。

岳飛という人は、元は一兵卒でした。金との戦争に義勇軍として参加した。非常に才能があった人なのでどんどん認められて将軍になっています。そして主戦論を主張するわけです。つまり金によって奪われた領土を回復すべきだ、その領土を取り戻すまでは金との戦をやめてはならないということを主張する将軍でした。背中に入れ墨があったといわれています。「尽忠報国（忠義を尽くして国家に報いる）」という四文字の入れ墨をしていたというのです。これは歴史的な事実ではないと思うのですが岳飛に掛かる伝承として、後で作られたエピソードとして有名になっています。秦檜の講和政策に反対したために将軍を解任され、逮捕され、そして死刑になります。しかし、秦檜が死んだ後、主戦派が力を取り戻しますと、岳飛は名誉回復するわけです。名誉回復の一環として神として祀る廟が杭州に造られた、これが岳王廟です。なぜ杭州にあるかというと、当時の宋の政府の所在地が杭州で、岳飛も杭州で処刑されているからです。岳飛はそのころから英雄視されているのですが、十九世紀末になって中国が西洋諸国や日本によって侵略の危機に直面しますと、何百年も前に外国の侵略に抵抗した人物として岳飛がふたたび注目されました。外国の侵略に抵抗した英雄、抵抗のシンボルとして顕彰されるようになります。その前から岳飛は神として祀られている。多くの人の崇敬を集め、秦檜夫妻の像には唾を吐くという慣行が成立していたのですが、特に十九世紀末以降は大々的に顕彰されます。

岳飛は「尽忠報国」という入れ墨をしていたといわれるわけですが、これは日本でもよく使われた言葉でした。特に戦時中にです。たとえば、一九三七年（昭和十二）九月九日付け新聞に内閣総理大臣公爵近衛文麿が出した内閣告諭があります。その内容は「尽忠報国」の精神を国民生活で実践せよというものでした。尽忠も報国も古くからある言葉ですが、あわせて四字熟語として表現するようになるのは先ほどの岳飛の伝承が大きく作用しているのではないかと思います。近衛内閣が岳飛の故事から直接に尽忠報国という言葉を選んでいるわけでは必ずしもないと思いますが、間接的な影響関係にはあると思います。忠を尽くして国に報ずるというこの精神は、岳飛をたたえる朱子学、そしてその朱子学を通じて日本に流れ込んできて、こうした戦時中の総動員体制を正当化する文言に使われているというつながりです。

靖国神社の創建事情

外国と融和政策を取ろうとした政府を批判し、そしてそれに関連する罪で処刑され、しかしその後その人が言っていたことのほうが主流になってから神として祀られているということでいいますと、岳飛は吉田松陰と似ています。吉田松陰は安政の大獄で老中暗殺計画を立てた罪状で死刑になっているのですが、死後、神として祀られる。松陰神社が造られています。さきほど名前をだした井伊直弼と吉田松陰は皮肉な関係にありまして、すでにいろいろな人が言及しています。たとえば徳冨蘆花の『謀叛論』です。その末尾に、いまや松陰神社は非常に賑わっているが、すぐそばにある豪徳寺はさびれている、ということが書かれています。どちらも現在の東京都世田谷区にあるのですが、吉田松陰を祀っている松陰神社のすぐそばに、彦根藩主井伊家の代々の菩提寺である豪徳寺という寺院があります。藩主の墓は本来彦根にあるのですが、井伊直弼は桜田門外の変で不慮の死を遂げているために、江戸の豪徳寺にお墓があるのです。つまり、吉田松陰を祀る神社と井伊直弼が葬られている寺院はすぐそばなのです。徳冨蘆花はそれを取り上げて、かつては井伊直弼が政治家として権力を握っていて吉田松陰を処刑したけれども、いま現在——蘆花がこれを書いているのは明治の末、いわゆる大逆事件を受けての議論です——松陰神社のほうがとても賑わっているのに比べて井伊直弼が葬られる豪徳寺はほとんど人も訪れることがない、そのように世の中の「謀叛」というものはどちらが正しくなるか、歴史によって変わる、と書いています。

靖国神社は、かつて謀叛人として処刑された吉田松陰のような人物を名誉回復するためにつくられた施設でした。吉田松陰は尊王攘夷を唱えて老中暗殺を計画し、そのことで罪人として処刑されている。しかし吉田松陰の流れをくむ人たちが革命に成功し、明治政府をつくります。拙著『増補　靖国史観』（ちくま学芸文庫、二〇一四年）でも書いていることですが、きょうは吉原康和氏の『靖国神社と幕末維新の祭神たち――明治国家の「英霊」創出』（吉川弘文館、二〇一四年）という本を紹介します。実は吉原さんは私の『靖国史観』（増補版の前の初版）を読んでくださったうえで、もっときちんと実証的に調べてまとめた本です。その中で吉原さんはこう述べています。

靖国神社が造られた実際の過程は、尊王攘夷を旗印に、欧米列強諸国から開国を迫られた江戸幕府に敵対し、幕府から「国賊」として処罰された犠牲者を、天皇のために亡くなった「国事殉難者」として祀ることにあった。

つまり国賊として処刑されてしまったけれど本当は正しいことをしていた。天皇陛下のために、天皇陛下を尊んで、そして夷狄、野蛮人を追い払うという主義主張のために殺されてしまったので、その人たちは「国事殉難者」である。この人たちを顕彰し祀ろう。冒頭で紹介した靖国神社のホームページで書かれていますように、吉田松陰たちを祀るというのが、そもそもの靖国神社の成立経緯なのです。

礫川全次《こいしかわぜんじ》という方の『攘夷と憂国――近代化のネジレと捏造された維新史』（批評社、二〇一〇年）には「捏造された維新史」という副題がついています。私としては、わが意を得たりです。その本には次の記述があります。

明治維新というのは「皇国思想」に基づく尊王論・攘夷論によって導かれた政治変革であった。……倒幕運動を推進していた西南雄藩は、口では尊王「攘夷」を唱えていたが、そのホンネは「開国」であった。……もちろん当時、そうしたことを倒幕の目的として掲げることはできなかった。……幕末の倒幕思想を支えた「皇国思想」は、こうして明治の新体制を規定し、そこにネジレを生じさせる要因となった。その影響は恐らく二十一世紀の今日にまで及んでいる。

もともと尊王攘夷を言っていたはずの人たちが政権を握って何をやったかというと、西洋諸国と通商を始めるわけです。しかも身なりまで日本の伝統的な服をかなぐり捨てて、蒸し暑いモンスーン地帯の真夏には向かないような服装をした。つまり明治政府のお偉がたというのは、まさに夷狄の格好をするようになっているわけで、そういうことを含めて礫川さんはネジレという表現を使っておられるのです。靖国神社はそういう思想に基づいて造られているわけです。

靖国批判派ばかり挙げるのはフェアではないので、靖国擁護派のかたの主張も聴きましょう。高森明勅《あきのり》氏編の『日本人なら学んでおきたい靖國問題』(青林堂、二〇一一年)という本があります。この本の結びの部分で戊辰戦争における、例えば会津藩を中心とするいわゆる賊軍とされた人たちのことを高森氏が言っている箇所です。その人たちが靖国に、例えば会津の白虎隊はなんで靖国に祀られないのかということへの靖国側からの弁明です。

彼らは官軍、政府の正規軍ではない、この点は疑う余地がない。であれば靖国神社の祭神とされないのは、やはりやむを得ないことだった。靖国神社の祭神たる要件の重要な一つは、戦争、事変、内戦などに際し、公的な職務や命令に関わって死がもたらされたという点にあると考えられるからだ。

この本はこう終わります。ただし、すぐに突っ込みをされることをこの方は予想しているのでしょう、最後にかっこ書きしてこういう言い方をしています。「(幕末殉難者のみは、やや事情を異にする)」と。つまり吉田松陰は高森氏が規定しているような靖国神社の祭神たる要件にかなってないのです。彼はテロリストとして処刑されたのですから「官軍、政府の正規軍ではない」のです。でも、吉田松陰たち幕末殉難者は、靖国の祭神、英霊です。祭神の基本は戦死者で、戦争、事変といった戦闘行為によって死んだ人なのですが、吉田松陰は戦争で死んだわけではないですし、ましてや国軍側ではなく、むしろ賊として処刑されているわけですから「事情を異にする」わけです。ただそこをぼかしたいのか高森氏は、「やや事情を異にする」と言っています。私は、「やや」ではなくて「まったく事情を異にする」と思いますし、それはさらに一歩進めれば事情を異にするのではなくて、吉原氏や礫川氏が指摘しているように、靖国創設の意図がそもそもここにあるのだと考えます。高森氏が靖国神社の祭神たる要件は「官軍、政府の正規軍」だとまず規定してしまうこと、これが実は靖国神社の起源を巧妙に隠しているのです。幕末殉難者こそが、靖国神社の起源なわけですから。それなのに「幕末殉難者のみはやや事情を異にする」というのは学術的におかしいです。昭和殉難者も戦死者ではないからです。

神社本庁が作りました『靖国神社』(PHP研究所、二〇一二年)という本は、はっきりと「国事殉難者の霊を祀る」ところから靖国神社が始まっていると書いています。この本で靖国神社の年表を作成したのは靖国神社の禰宜祭務部長だった沼部順明《よりあき》という方ですので、靖国の公式見解といってもいいでしょう。一八六二年(文久二)に「国事殉難者の霊を祀る」というところから年表が始まり、一八六九年(明治二)の東京招魂社鎮座祭が「靖国神社の創建」であるという認識を明示しています。

「靖国」の出典

次に、この靖国という名前がどこから来たかというと、同じ本の中で同じ沼部氏が執筆している「靖国神社を学ぶ」という章に、「漢籍である『春秋左氏伝』（中国の史書の注釈書）から靖国の字が採られました」と書いています。最初に紹介した靖国神社の公式ホームページにあるように命名者は明治天皇です。もちろん明治天皇が自分で選んだわけではないでしょうが、一応形式上は天皇陛下から名前をいただいたことになっています。

楚国の軍が成得臣という人を大将として陳国に攻め入った。陳が楚との盟約に背いて宋国にも色目を使ったためである。成得臣は焦夷を陥落させ、頓に城塞を築いて帰還した。子文はこの功績によって成得臣を宰相に任じようとした。賢者の淑伯が「国をどうするつもりだ」と批判したので、子文は「いや、私は国を靖んずるつもりなのだ。」と反論した。
（岩波文庫の小倉芳彦訳による）

別に英霊とか何とか、そういう問題とは関係ない文脈です。この靖国という二文字はこういうところで出てきて、これが語源だと靖国神社自身が、厳密に言うと靖国神社の元祭務部長だった方が書かれています。私もそうだと思います。靖国とは「国を靖んずる」。訓読すればそうなりますし、特に英霊とか、王のために戦って死んだ人の霊をどうこうするという文脈で出てくる言葉ではありません。靖国のホームページによると、靖国というのは「祖国を平安にする」「平和な国家を建設する」という意味だと説明されていますが、本来そんな意味はないのです。「国を靖んずる」は、たしかに広い意味でいえば平和ということが言えるのかもしれませんが、単に「国を安泰にする」ということですね。『春秋左氏伝』の例では、楚の国を軍事強国としてますます周囲の国々から懼れられる存在にするという意味です。

平安・平和などの靖国神社が使っている言葉は、戦争がない世の中をつくるという意味合いを込めています。「平和な国家を建設する」というのはまさにそうです。それをホームページに掲げることにより、それを訴えかけ、靖国神社は戦争を賛美する神社ではない、というメッセージを発しているのでしょう。そしてそれは大原氏が言ったように日本古来の文化だ、中国の文化とは違う日本古来の文化という言い方ともつながるのでしょうが、本当にそうなのでしょうか。

靖国は日本古来の思想に根ざしているか

そもそも靖国神社は日本古来の神道教義に由来しているのか。またその慰霊方式、英霊の祀り方は日本独自の伝統に根差しているのか。私はそうではないと考えます。これが私の『靖国史観』という本の中で言いたかったことです。靖国神社は儒教、朱子学の教義を源流とする施設で、その意味では中国伝来であるということです。大原氏が言うように、中国文化とは違う日本文化、死んだらその人の生前の業績のあれこれ、マイナス面のあれこれを指摘しない、死んだら水に流すという文化が靖国神社だということではまったくないのです。むしろ真逆です。

日本では江戸時代までは、つまり明治維新という事件が起こるまでは、「怨親平等《おんしん》」という考え方が重視されていました。これは仏教の教理の中にあるものです。その象徴として取り上げられるのは鎌倉にあります円覚寺です。円覚寺は蒙古襲来の戦死者を敵味方の区別なく、すなわちわが祖国を守って戦死した鎌倉武士のみならず、侵略軍であった蒙古軍の人たち、といってもモンゴル人は極少数で、ほとんどが中国人、韓国人だったわけですが、そうした中国や韓国から日本列島に攻め込んできて日本で戦死した人たち、あるいは船が沈没して溺死してしまった人たちも一緒にお祀りして供養する、菩提を弔うために創建された寺院です。そして、これが、これこそが日本古来の文化なのです。その意味では死んだら水に流すわけです。侵略軍だった蒙古軍の人たちもかわいそうに亡くなってしまったんだから一緒にお祀りして供養しましょう。怨みは水に流しましょうというわけです。その意味では大原氏の言うことは正しいのかもしれません。しかし、靖国神社は怨親平等ではありません。その点で、靖国神社が日本古来の文化に根ざしているとは言えないのです。

靖国という言葉とよく似ている熟語として「安国」があります。訓読すれば、これも「くにをやすんず」です。安国寺《あんこくじ》という寺院があります。発案者は南北朝時代の北朝の光厳院と足利尊氏、そして夢窓疎石という禅僧です。夢窓疎石は円覚寺の初代の住職である無学祖元《むがくそげん》の孫弟子にあたります。いま紹介した怨親平等の精神的系譜を引いている方です。夢窓疎石の在世中は、鎌倉幕府滅亡の戦争から南北朝の動乱が進行中ですが、戦死した人たちを敵味方問わず菩提を弔うためこの安国寺という お寺を造る。各国に一寺ずつ建立する計画だったけれども、途中で頓挫してしまったようです。しかし理念としては一国一寺。聖武天皇のときの国分寺を模していると言われています。一国一寺で安国寺というお寺を建てる、もしくは既にある寺を安国寺と改称するという政策をたてました。そうして、足利尊氏の部下だけでなく、鎌倉幕府の北条高時も、後醍醐天皇や楠木正成も、彼らの部下たちも、みな菩提供養の対象とした。まさに「怨親平等」の精神に基づいているわけですね。これが日本の伝統ですし、日本の本来の「やすくに」の精神です。

死者を神として祀る慣習はもともと御霊信仰《ごりょうしんこう》と呼ばれるものでありまして、早良《さわら》親王とか菅原道真のように怨みを呑んで亡くなった人の霊、祟り神を鎮めるために神として祀ったわけです。やがて祟り神ではなく英雄、優れた人を神として祀るようになります。代表例が豊臣秀吉の豊国大明神や徳川家康の東照大権現です。この人たちは徳を讃えられて神になる。怨霊ではない。そして明治維新のときには歴史上の忠臣たちも神格化します。過去にさかのぼって天皇のために尽くした忠臣たちも神になっていきます。代表が湊川神社の楠木正成です。藤田東湖の「文天祥の正気の歌に和す」の詩の中にもこの正成の桜井駅での子別れの故事が引かれておりましたが、正成は明治政府にとって讃えるべき武士、天皇のために忠義を尽くした武将です。そこで湊川神社を大々的に造りました。楠木正成は靖国の英霊と同質です。そもそも藤田東湖が「楠木正成は英霊だ」と言ったわけですから、靖国神社に祀られる英霊の原型になった人です。天皇陛下のために戦って命を落とした軍人です。

国賊の誕生

明治時代になりますと、こうした忠臣を神格化する裏返しとして、逆臣を国賊として貶めるようになります。代表例が平清盛。これは贅言するまでもないでしょう。そして足利尊氏。なぜなら足利尊氏は後醍醐天皇に背きにせものの天皇をかついだからです。北朝はにせものという言い方はきついかもしれませんが、正統ではないと明治時代になると考えられるようになっていくわけです。江戸時代からそういう歴史認識が次第に出ております。さらには尊氏の孫の足利義満。彼は中国と通交して、明の皇帝から「日本国王」の称号を与えられます。それを江戸時代になってからうるさいことを言う朱子学者たちが、日本国の君主は天皇であるのに天皇をさしおいて異国の君主から「日本国王」に任じられるとは何ごとだ、不忠極まりないという評価になってしまう。つまり義満も逆臣になっていくわけです。

一八六三年（文久三）に十四代将軍徳川家茂が上洛するにあたって、上洛直前に京都の室町幕府の足利氏の菩提寺の等持院という所に祀られていた足利尊氏、息子の義詮、孫の義満、この足利三代将軍の木像の首が引っこ抜かれて河原にさらされたという事件があります。これは、征夷大将軍として天皇の臣下でありながら、足利三代が天皇をないがしろにしたことを批判し、暗に徳川家茂を脅迫しているわけです。「お前もこうなりたくなかったら、孝明天皇に忠義を尽くして攘夷を決行しろ」と。尊王攘夷の志士という連中はそういうことをやっている。この連中が考えたことは、靖国神社を造って天皇のために死んだ人を英霊とする政策につながっていくわけです。

忠臣と逆臣を区別するという考え方は、さきほどの「怨親平等」の精神と相反します。いうなれば「怨親差別」。先ほどの夢窓疎石という人はこの言葉を使い、怨親を差別することなく、つまり敵味方を平等に扱うべきだとして、安国寺の建立を進めました。これに対して、平等に反する「怨親差別」の考え方が強くなって来るのが江戸時代のなかばぐらいからです。忠臣による正しい行為を誉め称え、逆臣による悪い行為をけなすべきだというのです。もちろん、敵味方、その立場によって何が正しいかは変わります。南北朝時代でいえば、南朝方にとっては正しい天皇が後醍醐天皇で、彼のために戦った楠木正成のような人たちが忠臣、後醍醐に背いた足利尊氏は逆臣ですが、北朝方の視点に立てば、北朝の天皇を守り立てた足利尊氏こそが忠臣で、にせもの天皇の後醍醐に従っている楠木正成のほうこそ逆臣ということになりましょう。夢窓疎石はこういう「差別」を乗り越えよう、さきほどの大原氏の表現を借りれば、「過去を水に流す」ことを勧めて安国寺でどちらも供養しようと言ったわけですが、江戸時代に朱子学の影響でこれとは相反する考え方が主流になってしまいます。

そして、明治維新後にそれを制度化したのが靖国神社なのです。つまり、これは『古事記』や『日本書紀』にはまったく見られない発想です。思想資源は朱子学です。もちろん国学も忘れることはできないわけですが、私は、国学も朱子学の影響を受けて誕生したものだと思っておりますので、その意味では間接的にそちらルートでも朱子学を起源とすると言えるわけです。

記紀、特に『日本書紀』はそもそも中国儒教思想の影響下に編纂されました。自分たちの歴史を漢文で書こうなどというのは日本にもともとない発想です。それから律令を日本は導入いたしますが、律令というのも「礼」に基づいて中国で作られるようになったものです。ですので、律令を支える思想も儒教に由来しています。平安時代に編纂された『延喜式』は、律令の運用法規として定められたものですが、その中に、朝廷が認めた全国の神社リストがあります。『延喜式』に載っているので、式内社と呼ばれているものです。これは神社を序列化し、国家が公認するという考え方によっているわけですが、この発想も中国の儒教の影響と考えられます。ですから、神道というのは制度的にはそもそも儒教思想が入っているということになります。また、神道の教義には道教の要素も見られます。要するに、中国思想の影響下に形成されたもので、決して日本古来の慣習がそのまま発展したものではありません。

しかし、こうした古い時代の神道と比べて、靖国神社は特に異様です。それは、中国思想のほうでも、朱子学という新しい流派が誕生して尊王攘夷を強調するようになった、その影響を受けているからです。前にあげた事例でいえば、秦檜夫妻の石像にいまでも唾を吐きかける思想、「死者にムチ打つ」思想です。また、江戸時代までは神道は仏教と厳密な区別がなされてこなかった、いわゆる神仏習合だったわけですが、明治政府は神仏分離を行いましたから、儒教による仏教打倒政策の一環とでもいえるのが靖国神社だということになります。

明治政府は西洋諸国の模倣をして近代国家を建設するにあたり、国民統合のために歴史認識を統一して正統的な「国史」を定めようとしました。その際に、大原氏が主張していたような「過去を水に流す」ことをしませんでした。むしろ、江戸幕府を守ろうとした勢力、井伊直弼や会津藩に「死者にムチ打つ」ことをしました。戊辰戦争の「東軍」、それを「賊軍」と明治政府は呼ぶわけですけど、会津藩などの奥羽越列藩同盟ですね。戊辰戦争の東軍やあるいは維新の功労者であった西郷隆盛、西郷は西南の役で反乱軍の首魁《かしら》として死んでいますので、こういう人たちは賊、逆臣であって、忠義の臣ではないから英霊にもしないという認定をするようになります。もちろん西郷個人は死んだ後に名誉回復し、南洲神社などというものもあって神様になっているわけですが、靖国には合祀されてないわけです。大原氏は、「日本人は死者にムチ打つことをしない」、「中国人のようにいつまでたっても秦檜に唾を吐きかける、ああいうしつこいことをわれわれはしない」とおっしゃっていますが、これは少なくとも靖国神社には当てはまりません。私は、もし「中国とは違う日本固有の古きよき文化・慣習を大事にしよう」とするのなら、まずはこれに反する靖国神社から変えていく必要があると思います。もっとも、記紀のころからすでに中国思想の影響を受けているので「日本固有の文化」などというものは存在しないわけですが。

開港地・横浜が、なぜ今日に至るような巨大都市になったか、その大恩人は井伊直弼です。彼が修好通商条約を締結したからです。そこで横浜市民の人たちが、明治のかなり早い段階から井伊直弼の銅像を横浜に造りたいというふうに請願していました。しかし、明治政府はそれを許しませんでした。認められたのは一九〇九年（明治四二）で、明治も末になってからです。しかも、井伊直弼の銅像を造って讃えるとは何事だと反発して、当時元老だった山縣有朋《やまがたありとも》や伊藤博文、つまり吉田松蔭大先生のお弟子さんたちは、その除幕式にあえて欠席します。彼らは井伊直弼を讃える場には参列しません。過去を水に流してなどいないのです。

儒教の経典である『礼記』の祭法篇に、王が祭祀を定めるときの祀られる対象となる人の条件を列挙しています。その二番目に、自分の命を犠牲にして仕事にいそしんだ人、「死をもって事に勤《つと》む」というのがあります。そういう人は、王は祭祀で讃えるべきだ、神として祀るんだよと書かれております。「死をもって事に勤む」。ちなみにこの勤むの「勤」の字は、勤王の勤、土佐勤王党の「勤」です。勤王は尊王とほぼ同義語ですが、この「勤事（事に勤む）」も同じ意味です。中国ではこの規定を根拠として功業や徳行があった人を神として祀る事例が十一世紀には制度化されます。十一世紀というのは先ほどの秦檜、岳飛よりは少し前。秦檜、岳飛は十二世紀の人たちですので、それより数十年前です。その後、皇帝がそうした人を祀る社や廟に対して名前を与えるという政策を行っています。祀ってはいけない、祀るのはよろしくないとされる施設を淫祠と呼び、そういう淫祠の排除と表裏をなす政策でありました。明治政府の神社合祀政策も、その源流は実は中国で既になされているわけです。

そして、このような政策は、すでに江戸時代に地方の大名が行っております。高校の教科書でも、たとえば山川出版社『詳説日本史B』に「好学大名」という言葉がでてきます。いくつかの藩では、藩主が儒者を顧問にして藩政の刷新を図った。その好学大名と呼ばれる代表が徳川光圀、水戸徳川家です。「学」というのは当時の感覚としてはグローバルスタンダードの中国の学術ですから、好学とはすなわち儒教を学ぶということです。彼らは学問が好きなだけでなくて、さらに徹底して儒教を取り入れようとして、仏教寺院ではなく、儒式の墓に葬られることを望みました。そして、儒式のお墓を作ります。水戸徳川家には瑞龍山というのがあります。それから岡山の池田光政がやはり好学大名ですけれども、彼は和意谷という所に儒式の墓を、それから好学大名の三人目は保科正之ですが、彼は見祢山という所に墓を作ります。会津藩の場合、正之の言い方としては神式、つまり神道式なんですが、様式上は儒式です。ですから水戸や岡山と同じと考えていいと思います。

まとめ——靖国神社の目的

さて、一言で申せば、好学大名の一人、徳川光圀が創始した水戸学の尊王思想が靖国神社につながっているということです。その水戸学は朱子学に由来するわけです。靖国神社という名称は西南戦争後、官軍の意識を高めるために改称されたものです。つまり単に招魂社、魂を招く。これもともとは中国語ですよね。招魂は儒教の用語で、死者の魂を呼びよせる、魂呼ばいをすることです。だから国学者だったら、やまと言葉で「たまよばいのやしろ」とでも名付ければよさそうなものです。ところが、招魂社と中国風に、儒教式の名前を付けている。読み方も音読み、つまり中国語式の「しょうこんしゃ」です。そして、やがて単に魂呼ばいをするのではなく、国を靖んずるというもっともらしい名称を『春秋左氏伝』から持ってきているのは官軍意識を高めるためです。

国を安んずるなら普通は「安国」と書いて「やすくに」でいいはずですよね。そちらが普通の言葉使いですから、「安国神社」とすればいいのになぜそうしなかったのか。私のまったくの推測、臆測ですが、足利尊氏が安国寺を造ったからではないでしょうか。「安国」は逆臣足利尊氏を思い出させる。そこで靖国なんていう、普段ほとんど見掛けない言葉を『春秋左氏伝』から引っ張ってきたのでしょう。

西南戦争等の士族反乱を鎮圧した側を正義の側として位置付けるために「招魂社」は「靖国神社」と改称されました。そしてそれは反乱軍を鎮圧するために戦った人たちを「英霊」として祀る神社です。台湾出兵、日清戦争等々は内戦ではなく対外戦争です。対外戦争における戦死者も英霊とするようになります。そしてその最たるものがアジア太平洋戦争です。しかし本質は、やはり天皇陛下の軍隊。すなわち皇軍の将兵を顕彰することにあるわけでして、その意味でさっき申し上げましたように、「靖国神社は外交問題なのではなく、本来国内問題だ」という大原氏の主張は、その意味では当たっている。靖国神社は創建以来、この精神、「天皇に忠義を尽くした戦死者・殉難者を祀る」ということで一貫しているからです。あくまでもこれは内向きに天皇陛下のために戦った、尊王攘夷をめざして忠義を尽くした人たちなのです。だからこそ皇軍の兵士は、自らの命が絶えるときに「天皇陛下万歳」と叫んだのでしょうか。

自分の命を犠牲にして勤王することに酬いるべく、『礼記』のいう「死をもって事に勤むればすなわちこれを祀る」のです。ですから、王である天皇は彼らを英霊として祀らねばならないのであります。靖国神社の教義が朱子学に由来すると、私が考えるのはそのためです。

初出は『高校地歴』五十二号（徳島県高等学校教育研究会地歴学会、二〇一六年）。二〇一五年八月に同会の研修会に招かれて徳島県立小松島高等学校で行った講演の記録。明治維新が儒教を思想資源としている最大の象徴的存在が、東京九段の靖国神社である。なお、この講演と重なる内容は二〇一五年六月開催の「宗教と社会」学会年次大会で「靖国神社についての語り」と題して口頭発表し、これを基に堀江宗正編『宗教と社会の戦後史』（二〇一八年刊予定）に寄稿している。

2　朱子学、日本へ伝わる

日本的朱子学の形成——文化交渉学の視角から

応仁の乱——日本史上の大転換期

内藤湖南《ないとうこなん》に「応仁の乱に就て」という講演記録がある。一九二一年八月に京都の史学地理学同攻会（「攻」は「おさめる」の意）でなされたもので、『日本文化史研究』（現在は講談社学術文庫版もあり）に収録され、『内藤湖南全集』第九巻（筑摩書房）で読むこともできる。

その中で内藤は、日本史を大きく二つに区分する分水嶺として、一四六七年に始まる応仁の乱（一四六九年に文明と改元されるため、応仁文明の乱とも呼ばれる）をあげる。「大体今日の日本を知る為に日本の歴史を研究するには、古代の歴史を研究する必要は殆どありませぬ、応仁の乱以後の歴史を知つて居つたらそれで沢山です」とまで、彼は言う。『源氏物語』に描かれる宮廷絵巻も、『平家物語』が対象とする源平合戦（治承寿永の内乱）も、「今日の日本」（＝一九二一年時点の日本）とは直接かかわるわけではないという意味だ。

「足利時代はまつたく天才のなかつた時代であつたから、応仁以後百年間といふものは争乱の収まる時期がなく、戦乱が相続いて居つたのですが、是は歴史上屢々《しばしば》斯《こ》ういふ事があるものであります。支那でも唐の時代から五代の末ころ迄がてうど斯ういふ時代で、恐らく今日の支那もさういふ風になつてゐると思ひます」とも、彼は言う。すなわち、彼の本業とする中国史研究における重要な問題提起、いわゆる唐宋変革論と結びつけて説き、中国史上の唐宋変革に相当する時代画期として応仁の乱以後の百年を考えていたのだ。なお、ここで彼は同時にその当時の中国もまた、それらと並ぶ混乱と変革の時期であるとしている。辛亥革命（一九一一年）のあと、この講演がなされた時点ではまだ軍閥割拠の状況が続いていた。

内藤は、政治制度や社会組織の上での変革にも言及しているが、とりわけ応仁の乱のあとの混乱期に生まれてきた新しい文化現象に注目している。古典が古典として権威を確立させ、受容されるようになったのがこの時期だというのだ。たとえば、『源氏物語』についての細川幽斎《ほそかわゆうさい》の発言を引き、こう評する。

何もかも源氏物語で済む、当時の学問といふものは源氏物語一つあればそれでいゝといふので、源氏は詰りよく一般の世態を知つて世の中を経綸するために唯一の大事な経典であるとされて居つたのであります。源氏物語を以て国民思想を統一するなどといふことは今日の文部省などの思ひもよらぬ所でありますす（笑声起る）〈中略〉是は即ち日本の乱れた

時代に於ても尚且是を統一に導く所の素因が出来て居つたといふことを示すものでありま
す。

細川幽斎は諱《いみな》を藤高といい、室町幕府三管領家の一つ細川家の分家出身であった。十五代将軍足利義昭を守り立て、のち織田信長に臣従して一時期長岡という苗字を名乗り、本能寺の変では明智光秀と姻戚関係にあった（彼の息子忠興と光秀の娘玉が夫婦）にもかかわらずこれに与せず、豊臣秀吉につき、関ヶ原の戦いでは徳川家康に味方して大大名として取り立てられ、最終的には熊本藩の藩祖となる。文化人として知られ、『古今和歌集』についても唯一の秘伝継承者だったため、石田三成が徳川方に与する彼の居城を攻撃した際に、勅命が出て彼を殺すことを禁じたほどであった。その幽斎が『源氏物語』にこそ日本精神の真髄があると語った史料を元に、内藤は文化的統一という問題を提示しているのである。

日本が日本として「統一」されていたのは、政治的混乱にもかかわらず、文化的な規準、この例で言えば『源氏物語』を古典として尊重し継承していく運動があったからだというのだ。そして、こうした観念の創出こそがこの時期の特徴であり、それ以前には希薄なことであった。『源氏物語』がいわゆる国風文化期（十〜十一世紀）において古典として不動の地位を確立したわけではないということである。

なお、ここで内藤が「今日の文部省などの思ひもよらぬ所」と冗談を言い、会場の笑いを誘っていることに注意したい。文部省が初等中等教育に国定教科書を編纂するようになったのは明治の末のことであり、この時点でなお日は浅い。しかも、『源氏物語』はその内容からして青少年を善導する教材とはみなされていなかった。それが内藤の冗談であり、会場の同意の笑いの意味であった。ところが、その後、細川幽斎も吃驚するだろうことに、『源氏物語』は日本を代表する誇るべき古典作品として青少年に教え込まれ、遣唐使廃絶後の「国風文化」を象徴する存在として扱われるようになっていく。そして、そのことこそが、日本一国史観の特性でもあった。

内藤が言うように「統一」が日本にとって自明な必要性を持つとは、私は考えない。むしろ、歴史的展開の中で、政治的には乱世であるにもかかわらず、文化的な象徴（たとえば『源氏物語』）を見いだし、それを核に据えて「日本」という一体感を醸成する動きが応仁の乱の後に生じ、それが後世、特に語彙や概念としては十九世紀後半以降のいわゆる近代になってから、「伝統文化」として語られるようになったのである。つまり、「伝統文化」は、その核となる素材自体（＝『源氏物語』という小説）が書かれた平安時代に誕生したわけではなく、これを「大事な経典」として崇め、そこに日本文化の神髄があるとする意識が生じた応仁の乱後の百年間になってはじめて形成されたのだ。私が「日本伝統文化の形成」として捉えたいのは、この事象のことであり、そこで「経典」とされた作品のあれこれが生み出された時代の風潮のことではない。

それ以前から存在する文化事象を自分たちの伝統として捉え直す姿勢。そうした心性が生まれた事件として、応仁の乱は日本の歴史を区切る画期だったのである。

東アジアの十五〜十六世紀

　応仁の乱から百年間という時期は日本史上、戦国時代と呼ばれている。そして、それは単に日本国内のみの現象として捉えるべきではなく、東アジア全体の変動の中に位置づけてみる必要があろう。東アジアのかなめを占める中国において、明朝が動揺するのと重なるからだ。

　ちょうど十五世紀の中間点にあたる一四四九年、明の正統帝はオイラートのエセンを攻撃するため自ら出陣し、国境の土木堡で敵に包囲されて捕虜になってしまう。北京ではこの非常事態に皇弟を急遽擁立して国難をしのいだが、釈放されて帰還した正統帝が一四五七年にクーデターを起こして復位（天順帝）、一四六四年には荊襄《けいじょう》の乱が勃発して、以後、国内で断続的に反乱が相次ぐようになる。日本の応仁の乱ほど大規模かつ深刻ではなかったにせよ、一五一九年には皇室の一員だった寧王が帝位を狙って軍事蜂起し、儒学者として有名な王守仁（陽明）によって鎮圧されている。翌一五二〇年にはタタールが山西省の大同まで侵攻してきた。一五二一年には、傍系から即位した嘉靖帝の実父の尊称をめぐって大礼の議が生じている。ポルトガル人がマカオに来航してきたのは、そうした中、一五一七年のことだった。以後、東アジア交易のあらたなアクターとして西洋人が加わる。

　一五二六年に日本で石見銀山《いわみぎんざん》が、一五四五年には南米ペルーでポトシ銀山が発見される。その他にも多くの鉱山が採掘され、それらの銀が中国産品を購入する代価として明、特にその江南地方に流入する。これによる商工業の発展と消費文化の隆盛が十六世紀後半の特徴だった。税制面でも銀納方式による一条鞭法が用いられる。

応仁の乱勃発の年、一四六七年に、京都から博多・寧波《ニンポー》を経て北京に向かう遣明使が派遣された。画僧雪舟や学僧桂庵玄樹《けいあんげんじゅ》が同行している。前者が日本水墨画の、後者が日本朱子学や訓点方式での、後世における典範と仰がれたことは、上述した内藤の指摘と考え合わせると象徴的である。日本国内で、国風（和風）の古典が確立しただけでなく、対外的な文化交渉においても新しい規範が導入されつつあったのだ。応仁の乱の当事者たる八代将軍足利義政が政治に倦んで営んだ東山山荘（後の慈照寺、すなわち銀閣寺）は、東求堂同仁斎《とうぐどうどうじんさい》の書院造によって、以後の日本の住宅建築の典範となる。そこに設えられた筆記用具や花瓶などの磁器、あるいはこれと密接にかかわる喫茶文化は、「日本の伝統」として現在も評価されるしろものである。

十六世紀中葉以降、日本には銀の輸出国として中国をはじめとする諸外国からの舶来商品（唐物）を大量に購入する財力が生まれた。各地の諸大名は、応仁の乱で荒廃した京都と別に、自分の地元に京都を模した都市を造り、邸宅（のちには城）や寺院を建立してふすま絵を描かせ、茶室を設け、唐物を配した。地場産業を育成するために、大陸伝来の技術（石見銀山の灰吹き法もその一つ）を活用し、大河川の下流デルタ地域を治水して農耕地に変え、大幅な生産力の向上を図った。そして、治民のうえでも、新しい考え方が導入される。それが朱子学であった。

朱子学伝来と五山文化

朱子学の日本伝来は応仁の乱をさかのぼること二百五十年以上前のことである。その担い手は中国帰りの僧侶たちだった。史料的に確認できる最初の事例は、一二一一年に帰国した真言律宗の俊芿《しゅんじょう》だとされる。彼が朱子学関連の図書を持ち帰ったからだ。ただ、彼に先立って、一一八一年以降一二〇六年の入寂まで東大寺再建の大勧進を務めた「入唐三度聖人」の重源や、その後継者で二度の渡航歴がある栄西（二度目は一一九一年に帰国）にもその可能性はあるし、他にも名の伝わらない僧侶が朱子学の書籍をもたらしていたかもしれない。ちなみに、俊芿は京都に戻ってしばらくは栄西創建の建仁寺（禅宗、ただし天台教学と台密も兼修）に住しており、宗派の壁がそれほど厚くなかったことを示している。

その後、主として臨済宗の、東福寺開山の円爾《えんに》のような留学帰りや建長寺開山の蘭渓道隆《らんけいどうりゅう》のような渡来僧によって、朱子学の書籍と知識が日本にもたらされ、円爾の場合摂関家（九条家）、道隆の場合は幕府の得宗家（北条家）といった政権中枢にある人物に対して、為政者の心得の一環として彼らが持つ朱子学の知見が説かれた蓋然性が高い。

南北朝時代になると、一三三三年、建武の新政が開始された年に、前年に帰国した中巌円月《ちゅうがんえんげつ》が「原民」「原僧」の二篇の論文を後醍醐帝に献じて時事的問題につき提言をしているが、その思的骨格をなすのは彼が中国（元朝）で学んできた朱子学だった。後醍醐帝については、花園院の証言として、朱子学を宮中で講じていたといわれている。また、後醍醐帝や足利尊氏・直義《ただよし》兄弟の指南役だった夢窓疎石《むそうそせき》（彼には留学経験はない）も朱子学の学識を身につけており、直義に献呈された『夢中問答集』にその片鱗が窺える。夢窓門下の絶海中津《ぜっかいちゅうしん》は足利義満《よしみつ》に『孟子』を講じた際、朱熹の注解も教えていた。

このように、朱子学はすでに中央政府の要人が親しむ教説となっていた。しかし、これが地方に拡散していくのは応仁の乱以降であった。清原宣賢《きよはらののぶかた》は応仁の乱の最中に平安時代以来の由緒ある博士家に生まれ、十六世紀前半に京都のみならず越前などでも活躍するが、禅僧と交流して朱子学流の経学を導入して先祖代々の古注疏《こちゅうそ》の学と併存させた。この新旧併行は下野の足利学校でも見られ、当初は古注疏本によっていた易学にしだいに朱子学系のものを加えていったさまが、書物への欄外書き込みによって窺われる。足利学校の卒業生たちの主たる就職先は、戦国大名の軍師だった。軍師とは単に戦場で作戦を立てる職ではなく、兵站《へいたん》確保のための財務や地形・気象にも通じ、平時の政治顧問・財政顧問でもあった。前述した農業土木技術の革新について、経緯の詳細は明らかではないが、社会実践に役立つ知という点では朱子学の政治思想と同じ基盤に乗っていたと思われ、禅僧を中心とした知識階層が大名という為政者の下で活躍する場を与えられていたと想像される。

具体的様相については史料的制約が大きく、よくわからない。しかし、全体的な状況としては、大陸伝来の知識に基づきながら、日本列島の実情に即した応用がなされ、それが戦国時代における経済の急成長と文化の新展開に寄与していたことは間違いあるまい。その中核をなしていたのが、室町幕府によって政策的に組織された禅宗教団のありかた、すなわち五山十刹制度であった。そこで培われた文化(以下、五山文化と呼ぶ)は、狭義の文化活動のみならず、政治や経済の面でも大きな役割を果たした。

朱子学の土着化と王権理論の変質

日本の朱子学展開史を中国や韓国と比較した場合の最大の特徴は、初期段階においてそれが禅僧を担い手としていたことである。それは、日本の体制宗教がこの時代においても(後の江戸時代においてさえも)仏教であり、また、政治体制が武家政権の下での世襲封建制であって科挙官僚制を採用しなかったこと等に由来している。日本では朱子学を専攻しても、それ自体で職を得て社会的威信を増すことはなかった。清原宣賢は世襲の博士家だからこそ朱子学にも関心を示したのだが、他の博士家の連中は古注に固執していたし、彼でさえ新旧併存だった。足利学校の場合も、朱子学系の易学の知識は、経書解釈(占断など)での断片的情報として求められていたにすぎず、王弼《おうひつ》注との世界観の根本的な相違が問題とされた形跡はない。十六世紀段階での日本の朱子学は、思想解釈としてはきわめて未熟であった。

十七世紀を迎え、江戸時代にはいると、この様相は一変する。徳川家康が政治顧問として林羅山を招聘したことは、かつて言われていたように朱子学の体制イデオロギー化というわけではないにせよ、画期的であった。羅山は慣例に遵い僧形の道春という名で将軍家に出仕していたけれども、彼自身はこの段階でもはや仏教を信奉しておらず、中身は儒者、しかも博士家の連中とは異なり、純然たる朱子学者だったからである。彼は妻帯もし、世襲で子孫にその地位を継がせている。

地方の大名の中には、より積極的に朱子学を受け入れ、仏教に代わる教学として位置づけようとする動きもあった。著名な事例でいえば、土佐の山内家で執政をしていた野中兼山は母の葬儀と墓制を朱熹の『家礼』に遵って実施した。十七世紀末になると、好学大名と総称される保科正之・池田光政・徳川光圀・前田綱紀らが現れ、神儒一致を唱えて朱子学式の葬送儀礼の実践を企てた。大名レベルではないものの、他にもこのころ『家礼』を実践しようとした人たちがいた。

こうした土壌の中から、将軍や大名たちと関わりながら、山崎闇斎・新井白石・室鳩巣のような朱子学者たちが登場する。闇斎は神儒一致論（垂加神道）だったので、その墓はふつう神式とされているが、発想は儒教なかんずく朱子学に基づいている。鳩巣にいたっては、特に許しを得て、儒式の墓所を江戸郊外に与えられた（大塚先儒墓所）。朱子学が五山文化の一つの要素としてのみ存在していた十六世紀以前とは異なる局面の始まりである。

しかしながら、中国や韓国とは異なり、こうした事例が特筆すべき希有なものとして語り継がれたにすぎないことこそが重要である。江戸時代を通じて、朱子学はついに国民的レベルでの体制教学にはならなかった。人は死ねば菩提寺に葬られる。いかに朱熹の『四書集註』が広く読まれようと、この点に関しては如何《いかん》ともしがたい。朱熹の教説は四書の注解として道徳的訓戒の役割にとどまり、その世界観、特に人の生死に関する仏教批判は江戸時代の日本で一般的な習俗の基盤とはならなかった。この受容のありかたが、美術史などの分野でいわれている「選択的受容」と同質のものなのか、はたまた別の論理が働いたのかについては、今後の慎重な検討が必要である。

ただし、王権への浸透ぶりは見逃せない。その最も顕著な例は、十七世紀後半に徳川光圀が首唱して始まった『大日本史』編纂事業である。そこには彼が受け入れた朱舜水や東皐心越《とうこうしんえつ》の影響もあったであろう。彼ら明の遺民の節義感に基づき、『大日本史』は十四世紀における南朝（吉野朝廷）の滅亡をもって閉じる（厳密には両朝合一後の北朝系の後小松帝まで）構成をとる。その意図をめぐってはなお諸説併存の状況であり、光圀自身が必ずしも南朝正統論者ではなかったとする見解もあるが、本書が南北朝時代を南朝中心に描き、北朝への吸収合併をもって終結していることは、読者に対するメッセージとして充分であろう。彼らが好んだ曾先之《そうせんし》『十八史略』が南宋滅亡をもって結ばれていること（曾先之が元代の人であるからにはそうならざるをえない面も強いのだが）との比較をもって見るならば、南朝滅亡が「歴史の終わり」を意味すると解釈されたのも当然である。

本書は朱子学的大義名分論に貫かれ、平安時代なかば以降の「帝」たちをわざわざ「天皇」と呼び、「鎌倉殿」を「将軍」と呼んだ。それは、彼らの同時代における京都在住の「禁裏」が（北朝系ではあるにせよ）「天皇」として日本の君主であり、江戸にいる「公儀」は「将軍」としてその臣下にすぎないことを知らしめる効果をもった。

中国や韓国においては、皇帝や国王が一元的に王権を担っており、たとえば清朝のような複雑な王権にあっても、モンゴル族やチベット族むけのチベット仏教を庇護する王としての顔とは異なり、漢族や漢字文化圏の朝貢国（朝鮮や琉球）向けの顔としては、朱子学的な「皇帝」で一貫していた。こういう形で説明できるところに、朱子学の存在意義があったのである。ところが、日本の場合、武家の棟梁たる実質的な王（明朝から「日本国王」と認定されていた王権）の他に、古代以来の旧い王も遺って併存していた。それを朱子学の論理で説明するためには、新井白石や荻生徂徠が指向したように江戸の王権を制度上ゆるぎないものにするか、水戸学のように江戸にいるのは「将軍」にすぎないことを明るみに出すか、二者択一だった。そして、大勢は十八世紀から十九世紀にかけて後者へと傾いていく。

十八世紀末、蒲生君平《がもうくんぺい》という人物が歴代天皇の墓を考証する『山陵志《さんりょうし》』を著した。すでに一千年来、王家の菩提は仏教が弔うことになっており、このころにはかの俊芿を中興の祖とする泉涌寺が菩提寺的役割を担っていた。ところが、蒲生のこの著作などが契機となって、それまで放置されていた古代の王墓への関心が高まる。そして、ついには「天皇」号の復活とともに、旧い伝統の復興と称して神道式の葬儀や陵墓が営まれるようになる。それは神仏習合と仏法王法相依に拠ってたっていた王権理論に変質を迫り、明治維新という「近代」に接合する動きであったが、その淵源は仏教とは異なる王権理論を再構築しようとする十七世紀における朱子学自立運動にあった。近代天皇制の成立は、五山文化の一要素として受容された朱子学の展開史としても捉えられる。

従来、日本史の枠内で処理されてきたこれらの諸事象を、文化交渉学の視点から再検討してみることが今後とも必要であろう。

初出は『東アジア文化交渉研究』別冊第八号（関西大学東西学術研究所、二〇一二年）。「文化交渉学」という用語で東アジアの交流史を研究する関西大学の組織で開催された研究集会に提出した論文。研究者を対象に書いているのでやや難解に思われるかもしれないが、実証研究ではなく、私の問題関心の枠組みを述べたものである。応仁の乱勃発（一四六七年）から大政奉還（一八六七年）までは、ちょうど四百年だった。

日本の朱子学・陽明学受容

漢唐訓詁学

今日は日本に朱子学・陽明学がどのように伝わり、どう広まったかを主題としますが、まず、中国でどういうふうに朱子学・陽明学が生まれたのかから話を始めます。

朱子学・陽明学、この言葉は、どちらも儒教の流派に与えられた名称です。朱子学は朱熹（一一三〇～一二〇〇）という人の教説を奉じる流派です。孔子・孟子というときの「子」は先生の尊称で、それと並べて開祖の朱熹を「朱子」と呼ぶことから朱子学というわけです。一方、陽明学のほうは、王守仁（一四七二～一五二七）という人が主張した内容を受け継ぐ流派で、王守仁の号が「陽明」でしたので、陽明学と呼ばれています。

儒教は、漢（紀元前二〇二～紀元後二二〇）の時代に教学として大成しました。そう申し上げると、

「儒教は孔子に始まるのではないか」と思われる方が多いと思います。もちろん、孔子は儒教の開祖とされるわけですが、私の言葉遣いとして、孔子のころはまだ儒家でありまして、儒教という名にふさわしい形に整備されるのは漢代になってからと考えております。史料上も「儒教」という言葉が出て来るのはもっと後で、漢代でもまだ出て来ません。西暦五世紀ぐらいになってから「儒教」という言葉が出てまいります。道教、仏教がそのころ成立していて、そういう名称で呼ばれるようになったのと並べて「儒の教え」、すなわち「儒教」という用語が生まれます。

その儒教は漢代に大成しましたが、その中身は孔子が編纂したとされる経書です。歴史的事実としてはそうではありませんが、儒教の中では孔子が編纂したことになっています。彼らは経書の解釈を通じて理想の国家像を提起し、漢の時代には、実際の国政を左右する力をもつようになっていました。

その象徴的事例が王莽《おうもう》という人で、『平家物語』の冒頭で「祇園精舎の鐘の声」の中に出て来る人物です。彼は漢に代わる新しい王朝「新」という王朝をつくります。ただ、王莽は儒教の考え方に沿って、あまりにも現実離れした机上の空論による統治を試みたために、民心が離反して、新は王朝といいながら王莽一代十五年で滅亡します。

この混乱を収拾したのが漢の高祖の血を引く人物でありまして、彼が皇帝に即位して再び漢王朝を復興します。光武帝と呼ばれています。歴史上はこの光武帝以降は後漢と呼ばれ、王莽が滅ぼしたそれ以前の漢は前漢と呼ばれて区別されています。

この光武帝に始まる後漢時代に、儒教はさらに精緻な理論化を進め、体制教学として機能するようになっていきます。そして、孔子が編纂したということで権威を持っている経書の文章を、一文字ずつ緻密に解読する学術が展開しました。この学術のことを、「経学」と呼びます。これは、当時からの名前です。

ちなみに、経書とか経学とかを「経《けい》」と呼んでいますが、仏教のいうところの「経《きょう》」と実態は同じです。現在、中国ではどちらもジン（jing）と発音し、区別はありません。しかし、日本ではある時期から仏教関係の用語は呉音読みをし、儒教は仏教に対抗してわざと漢音で読むようになりました。同じ「経」の字を仏教のほうでは呉音で「きょう」と読み、儒教では漢音で「けい」、道教は両方あって、研究者それぞれが自分の考えに沿って読みますが、実態は同じです。私は儒教の研究者ですので、基本的には「けい」と読みます。

漢が滅びて『三国志』の時代になり、さらにその後、その時代を含めて歴史学上、魏晋南北朝時代（二二〇～五八九）と呼んでいるころ、仏教が本格的に中国に入ってまいります。そして、仏典をサンスクリットから中国語に翻訳する事業が進みます。サンスクリットの読解が行われ、そのサンスクリットを知ることにより、初めて中国人たちは中国語を一つの言語として意識するわけです。

それで、自分たちの言語自身の検討が行われます。儒教では別にサンスクリットを読む必要はないわけですが、儒教の経学でも仏教の側の影響を受けて、自分たちの言語である中国語を再検討するということが意識的に行われます。

それを通じて、文字の意味の解釈の手法が一層深められていきます。南北朝時代を統合したのが隋（五八九〜六一八）で、この王朝は短命で終わりますが、それを経て唐（六一八〜九〇七）が三百年間続きます。この唐の時代の初期に、後漢以降の経学の精華を集成した「五経正義」を国家事業として編纂いたします。仏教でいうと、ちょうど玄奘三蔵《げんじょうさんぞう》が仏典の新たな訳をしているのと同時期です。

ここにおける儒教の経学は、文字の解釈に重点を置くという点から漢唐訓詁学と呼ばれています。訓詁というのは文字の解釈です。しかし、七五五年に勃発した安禄山の乱によって王朝権力が衰退します。そうすると、国家・政府が定めた五経正義とは異なる解釈を経書に施す動きが生じるようになります。その担い手たちも、別に反体制派、国家に反逆しようという人たちではなく、むしろ唐王朝を支える官僚（士大夫）の一員であったわけですが、ただ、後漢以来の経学の積み重ねを再検討した上で、孔子がそもそも経書を編纂した本来の意図について改めて自分の頭で考えてみる、自ら探求してみようと企てたのであります。

朱子学・陽明学の誕生

唐が滅亡して、五代と呼ばれる短命王朝が数十年間続いた時代を経て、宋（九六〇〜一二七六）

の時代になります。これは三百年続いた長命の王朝です。宋の時代、朝廷では五経正義を踏襲した上で、そこには収録されていない他の経書七つを増補し、当時実用化されるようになっていた印刷技術を用いて刊行します。唐の時代にはまだ印刷が普及していません。ですから、「印刷された」というのは非常に大きなことです。印刷というのは、大量複製が可能になるわけで、一冊ずつ本を手で書き写す必要がありません。写本というのはどうしても字の間違いが出て来るわけですけれども、印刷されたものはすべて同じです。

宋の初めに刊行されたものを「十三経注疏」と呼びます。実はこの段階では『孟子』はまだ入っていないので本当は「十二」です。その中に『春秋』という孔子が編纂したとされる歴史の書物がありますが、それについての解釈は三通りの流派があります。経としては『春秋』は一つですが、この三通りの流派を三伝といいます。したがいまして、経の数も本当は十二ではないのです。当時の見方、宋の初めに印刷されたときの呼び方としては、聖なる数とされていた九という数を用いて「九経正義」と呼ばれております。現在、私たちはこれを「十三経注疏」と呼んでいますが、当時の名称ではありません。

さて、このように五経正義を引き継いだものが宋の初め十世紀の末に刊行されていたわけですが、一方、先ほど紹介しました唐の後半から始まっていた漢唐訓詁学を批判する新しい経学の動きがこの直後から再び活性化します。その中心人物が欧陽脩《おうようしゅう》(一〇〇七~一〇七二)です。この名前は中国文学のほうで有名ですが、儒教史のうえでも経学上、非常に重要な人物です。

さらにこの欧陽脩を受け継いで、その次の世代に属するのが王安石《おうあんせき》（一〇二一～一〇八六）で、この人も政治史の上で巨人です。それから程頤《ていい》（一〇三三～一一〇七）、蘇軾《そしょく》（一〇三六～一一〇一）らが新しい経学を体系化し、多くの流派が競い合う状況が生まれます。学術上の見解の相違は政治的な対立とも連動して、「党争」と呼ばれる抗争を引き起こしました。北方の金の侵入によって宋が南遷すると、程頤の流れを汲む道学と呼ばれる流派が台頭し、その中から朱熹が登場します。

朱子学の特性は、理気論を樹立したことにあります。この世界を構成している気と呼ばれるものの生成や運動には普遍的法則性としての理と呼ばれるものがあるのだから、人間社会における個々人や政府の行為・行動も、これにしたがってなされるべきだという理論です。各個人にも理が賦与されているからです（性即理）。性とは理のことだというのです。朱熹の死後、朱子学は、単に思想体系として理論的に優れていたからというだけではなく、社会的ないくつかの条件に適合したことによって他の諸流派に卓越する位置を占めるようになります。

宋のあと、モンゴルすなわち元が勃興します。元を経て明王朝（一三六八～一六四四）が続きますが、これも唐や宋と同じく三百年近く続いた長命王朝です。明に至ると、科挙試験での答案作成には朱子学の見解を用いるということが制度化され、そのために「四書五経性理大全」が編纂されます。要は、唐の初めの五経正義に代わるものです。五経正義が漢唐訓詁学の集大成であったのに対して、四書五経性理大全は朱子学の立場での集大成であります。

ただ、これが編纂されると、最初は漢唐訓詁学を批判して始まっていたはずなのに、朱子学の体制教学化によってまた教説が固定しました。思想史というのは一般にこの繰り返しです。ある学説が生まれ、それがオーソライズされ、オーソドックス化したオーソドキシーとしての書物が編纂されると、その書物によって説が固定化されてしまう。

こうした中でも、朱熹による経書解釈に部分的に疑いの念を抱く学者たちが、朱熹の説の一部修正という形で自説を主張しておりました。その中でも最大の修正を主張したのが王守仁であります。朱熹は学習課程を段階的・漸進的なものとして提示しました。朱熹自身の立場としては、「私が初めてそう考えた」わけではなく、孔子がそう主張していたという立場です。自分が正しいことを思いついたのではなく、教祖様がそうおっしゃっていたのであって、それまでの人たちが間違えた解釈をしていたと主張するわけです。朱熹もそう主張していましたが、王守仁はその朱熹の主張も間違っているというわけです。

陽明学によれば、朱熹の性即理の立場からの説では心の生き生きとした活発さを殺してしまうことになります。心の本来の動きを肯定することこそが肝要です。これが「心即理」です。王守仁の場合も、「私がそう思いついたのだ」ではなくて、「孔子や孟子はそうおっしゃっていたのだ。漢唐訓詁学の連中はそれを間違えて解釈していたのだ。朱熹も間違って解釈していた」という立場から主張しています。

さて、その陽明学なるものは十六世紀に誕生するわけですが、当時の中国、明代後半における経済的活況や、それに伴う社会的な動揺という背景から誕生したと一般に評価されております。

こうした経済社会状況の中で、社会的な流動性を持つ不安な状況、一方で経済的に非常にいい状況が続いているという中で多くの人の心を捉えました。ところが、一六四四年、明が滅んで清に代わり、清が中国を統治するようになると、陽明学というのは流派としては消滅していきます。

清朝の中国支配を支えたのは、明と同じ朱子学です。ただ、途中から学術的に漢唐訓詁学の手法を復活継承させる流派が生まれます。これは清朝考証学と呼ばれます。中国ではいまも朱子学・陽明学をひっくるめて宋明理学という言い方をしていますが、この宋明理学を批判したのが清朝考証学です。

遣唐使時代の儒教移入

日本に朱子学を最初に伝えた人物は誰かを認定するのは困難です。古来、何人かの人が挙げられてきましたが、一人に特定するのは困難ですし、特にそれに意味があるとも思えません。というのは、朱子学というものは儒教の学者が自覚的に朱子学を学んで帰って来て、「向こうではこういう学説に変わっていますよ」ということを紹介したのではなく、仏教の僧侶がいわば余技としてもたらしたものだからです。

ここでまた話が遡りますが、西暦七〜八世紀に日本の国づくりが進む過程で見習うべき模範とされたのは唐であります。ご存じの通り、遣唐使には唐の学術・思想を学ぶ使命を帯びた留学生が同行していました。留学生の中でも有名な吉備真備（六九五〜七七五）は十八年間中国におりました。この人は、さらに晩年になってから、使節団を率いる立場でもう一回唐に行っています。吉備真備の業績としては、哲学・音楽学・歴史学・天文学・軍事学等を習得して、日本に持ち帰ったとされています。

確かに、現在の学問区分としては、このように列記して「さまざまな学問」と呼ぶことになりますが、当時の認識としては、いま挙げましたこれらのものは一言で儒教とまとめることができます。真備と一緒に唐に渡った僧侶に玄昉《げんぼう》がいますが、玄昉や、あるいは九世紀の初めに唐に渡った有名な最澄・空海らの僧侶たちも、決して狭い意味での仏教教義のみをもたらしたわけではありません。例えば、空海は四国の溜池灌漑でよく知られています。治水技術はいまで言えば工学系で、文学部のインド哲学研究室では教えてくれません。でも、昔はこうした知識を含めて仏教だったわけです。

これと同じく、儒教も狭く哲学・倫理に限られません。そもそも律令というもの自体、中国では儒教的な礼の理念に基づく統治手段として制定されていて、吉備真備の担当は、その立場から日本の律令制度を深く究めることでした。律令は既にこの時点で日本にできているわけですが、実際にその律令をどう運用したらいいか、そういうことについて改めて十八年間も唐に留学し、知識を習得して日本に広めたとされています。日本史の研究者・大津透氏の『律令制とはなにか』（山川出版社、二〇一三年）という本の中で、そういうことが書かれています。

したがいまして、真備のような留学生たちによって漢唐訓詁学はその専門家によって日本に伝えられたわけです。真備も、当然漢唐訓詁学を学んでいます。九世紀に遣唐使が廃絶されると、日本の儒者が中国に留学することはなくなります。以後、日本国内で世代間での再生産が特定の家の中で行われます。菅原・大江・清原・中原、あるいは藤原氏の中でも摂関家ほどではない格式の低い家で、世襲的にこういう学問を伝えていました。博士家と呼ばれます。その博士家の中で、漢唐訓詁学の流儀による経学はそのまま伝授されて定着しています。

一方、仏教のほうでは遣唐使廃絶後も人的交流が続きました。それは、民間の商船に僧侶が便乗して往来していたからでありますが、これは単なる便乗ではなくて、むしろ仏教教団は経済力を備えているので、多数の荘園をもっていて商業活動もしているわけです。そうした経済力をもっていた仏教教団が、中国人とのコネクションを用いて国際交易に関わっていたと見るべきでしょう。

九世紀の末に唐の王朝勢力が衰退して地方政権の樹立が進みますが、そうすると、現在の浙江省の地域に呉越という国ができます。日本はこの呉越国と専ら交流しようとします。その理由としては、九州から船出して東シナ海を横断すると、向こう岸が呉越国（現浙江省）の地域でありまして、そういう航路が既に遣唐使のころから定着していたということが一つ。もう一つは、最澄が伝えた天台宗の聖地・天台山が、呉越国の領域内にあったことがその理由として考えられるわけです。このように、それまでの歴史的な文脈から日本は呉越国と付き合いがありました。

呉越国は、十世紀末に宋に吸収されます。それ以降は、従来の頻度に比べると僧侶の交流を示す史料が少なくなります。これが、実際に交流が少なくなったのか、現在も残っていて確認できる文献史料が少なくなっただけなのかは、判断が難しいところです。その両方の要素があるのだろうと、私は憶測します。

しかし、それでも細々とでも中国とつながっていた点では儒教側と質的に異なるわけです。儒教のほうでは、吉備真備が専門家として向こうにいて儒教を勉強して帰って来たというような事例は、遣唐使廃絶以降、皆無です。例えば、源頼朝を助けた大江広元という人は博士家出身ですが、中国に渡って本場の新しい学問を学んで帰って来るということはありませんでした。

このように、遣唐使廃絶後の仏教と儒教との相違、端的に言えば向こうに学生を送る財力があったか、なかったかですが、その相違が日本に朱子学をもたらす役割を僧侶が担うことになった理由であります。

禅の興隆

宋の時代の仏教の特徴としては、禅の興隆を挙げることができます。禅は、ご存じの通り達磨大師によって六世紀に中国にもたらされたと仏教教団、禅宗の内部で伝承されていますが、達磨という人物の実像が明確でなく、にわかに史実とは確定し難いです。はっきりしているのは、唐の時代に達磨の系譜を引くと称する僧侶たちが活躍し、朝廷にも出入りしていたということです。そして、八四五年、唐の後半に会昌《かいしょう》の廃仏が行われますと、仏教教団全体の中での禅の比重が相対的に高まります。そして、宋に至ります。

宋代でも、もちろん知礼《ちれい》（天台宗第十四祖、九六〇〜一〇二八）のように天台系の僧で、禅には属さない高僧もいますが、宋代の僧侶でいまも名前が伝わる人たちはほとんどが禅僧です。例えば、その一人に仏日契嵩《ぶつにちかいすう》（一〇〇七〜一〇七二）がいます。契嵩は生まれた年と死んだ年が欧陽脩とまったく同じです。偶然でしょうが、同時代性をもっているわけです。

この契嵩は『輔教編』という書物を著していて、その中で彼は禅僧ですから禅のことを中心に書きますが、禅が心を治めるという点で政治の役に立つと説いています。

欧陽脩たちが新しい儒教の経学を提唱している時期に、仏教の側でも禅僧たちが新しい仏教のあり方を模索していたわけです。こうして儒者と禅僧は互いに交流していました。儒教の中でも程頤に始まり朱熹が大成したのが朱子学です。この道学という流派は仏教排斥論を表看板に掲げていますが、実際には多くの道学者が禅宗の信仰をもっています。朱熹自身も実はそういう環境で成長しており、父親やその友人たちは禅と深い関わりをもっています。朱熹はそういう環境で教育を受けて成長し、思想を体系化して朱子学をつくります。

もっとも、朱熹は自分の教説上は禅を批判しますし、同じ道学の中でも自分と見解が違う陸《りく》九淵《きゅうえん》（一一三九〜一一九二）のことを、「陸九淵の奴は禅に近いからだめだ。あいつの言っていることは禅と同じだ」というふうに非難します。つまり、朱子学においては、禅という言葉はマイナスイメージをもった、相手を非難するときに使う言葉です。

ただ、道学及び、広く言って宋代の新しい儒教を学んだ儒者たちは、禅に親近感をもち、人的にも交流して友人になっています。したがいまして、逆に禅の寺院の中でも道学系の典籍を読むことが行われていたと推測されます。

仏教の悟りを開くというのが禅の目的ですから、ここからすると儒教の経書を読み、経書の解釈を学ぶというのは不要な学習とも思われますが、禅僧たちも中国人ですから、中国人として必須の教養を身につけるということだったのではないでしょうか。現代日本の大学に無理やり当てはめて言えば、教養教育です。専門知、これは禅の僧にとっては禅ですが、悟りさえすればいいということではなくて、悟りに至る過程での素養として、目的を達するための素養として、こういう幅広い教養が必要だったのではないでしょうか。

禅僧による朱子学移入

さて、日本に十二世紀に平氏政権が成立しますと、明州（現在の寧波《ニンポー》）を通じた交易が活発になります。葉上《ようじょう》栄西（一一四一〜一二一五）は二回中国に渡っていますし（一一六八年と一一八七〜一一九一年）、俊乗房重源《しゅんじょうぼうちょうげん》（一一二一〜一二〇六）という人は「入唐三度聖人」と自称しています。唐と言っていますが、実際にはもちろん宋です。この「三度」についても本当に三回なのか、それとも何回であっても「三度」という言葉を使うから三回かどうかわからないという説に分かれますが、とにかく複数回ということは間違いないです。

十三世紀になりますと、京都の泉涌寺の僧で、律宗系の俊芿（一一六六〜一二二七）の他、禅のほうからは道元（一二〇〇〜一二五三）、円爾（一二〇一〜一二八〇）などが宋に留学し、現地の仏教界の新動向を伝える役割を担いました。その一環として、朱子学が伝わって来たわけです。

円爾は宋に留学しますが、向こうはこの時代には印刷の時代になっていますから、書き写した本よりは印刷された本を買い求めて来ました。また、人からもらった本も多かったでしょう。彼が開山となった寺院に現在の京都東福寺がありますが、この円爾が請来した書籍の中で、東福寺に最終的に納められたものは、彼の没後、東福寺の僧侶によって「普門院経論章疏語録儒書等目録」にまとめられました。納められたもののリストです。

実物の多くは火災等で失われてしまいましたが、この目録があることによってどういう本があったかはわかります。そしてその中に朱熹の『四書集注』を始め、朱子学関連の本がかなり含まれていたことがわかります。現在では、朱子学自体の本は現存しません。ただ、道学関係で張九成という人が四書の一つの『中庸』に注を書いているものが現在も残っています。宋で印刷されたものです。そういうわけで、現在重要文化財に指定されております。

もちろん、本を持っていることと、その本を読んだということとは別のことです。私なども持っている本の一割も実際には読んでいないのではないかと思います。ですから、円爾やその弟子たちが朱熹の『四書集注』を持っていたから、それを隅から隅まで学習したかというと、それはわかりません。他の僧侶についても同じことです。ただ、請来したということなので、朱子学について彼らは知っていたでしょう。円爾だけではなくて他の僧侶たちについても同じようなことがあったのでしょうが、円爾については目録が残っているので実証的に言えるということです。

そうした中、円爾が中国留学中に師事していた無準師範《ぶじゅんしばん》という人物の弟子にあたる人物、つまり兄弟弟子である蘭渓道隆《らんけいどうりゅう》（一二一三～一二七八）が、一二四六年に博多にやって来ます。やがて、当時の執権北条時頼に招かれて鎌倉に移り建長寺を創建します。そして、ここを禅の布教・教育活動の拠点とします。その後、同じように無学祖元《むがくそげん》（一二二六～一二八六）という中国僧も来日し、この人は建長寺の傍にある円覚寺の開山となります。

栄西や円爾の教説の段階では、禅のみを特権化することなく、教・密もあわせて学ぶことを主張しました。それに対して蘭渓や無学は純粋禅を日本にもたらしたという学説が仏教学者によって唱えられております。

ただ、その後、蘭渓や無学の門流が築いた五山文化は、幅広い教養を具えることを僧侶に求めておりまして、そうした教育が恐らく既にその当時の建長寺や円覚寺でなされていたと推察できますから、彼らがひたすら禅のことしかやらなかった、とは言えないのではないかと思います。

そもそも、禅にとって「純粋」とは何かも問題です。

蘭渓たちの役割が重要なのは、村井章介氏が「渡来僧の世紀」と名付けたように、蘭渓を始めとして十三世紀後半から十四世紀前半にかけて多くの中国人僧侶が来日したということです。彼らは一人ひとり単独で来たのではありません。八世紀に鑑真和上が日本にやって来ますが、彼も一人で来たわけではなくて多くの弟子を連れて来ました。その弟子たちも、学問僧だけではなくて仏像を彫る仏師であるとか、建物を造る大工であるとか、そういう人も連れて来たので唐招提寺ができたわけです。蘭渓の場合も何人もの中国僧を伴ってやって来たことがわかっています。

その結果として、建長寺や円覚寺は当時の中国の建築様式、宋風建築によって設計・建立されました。蘭渓や無学が一人でやって来て、一人で図面を引いて、一人で造ったのではないわけです。こうした集団移住によって、建長寺や円覚寺は造られました。そのことを、無住の『雑談集』は「建長寺の中はまるで異国のようだ」と記しています。そこでは中国語が飛び交っていた。蘭渓はちょっと日本語を勉強したらしいですが、日常生活では中国語を使っていたと思います。宋に五山という制度があるという情報も、恐らく彼らによって鎌倉幕府中枢部に報告されました。それを模して建長寺や円覚寺などが日本の五山に指定されます。

鎌倉幕府が滅びて室町幕府になりますと、室町幕府を開いた足利尊氏・直義兄弟は、無学の孫弟子にあたる夢窓疎石《むそうそせき》（一二七五〜一三五一）に深く帰依しました。彼の発案に基づいて、室町幕府では北朝の光厳上皇の名で全国に安国寺・利生塔の設置が企画されます。これは、全国くまなく実現するには至らなかったようです。それに代わって鎌倉時代以来の五山制度の整備が夢窓の主導によって進行し、以後、彼の門流（夢窓派）と東福寺を拠点とする円爾の門流（聖一派）とが仕切る形で五山制度が室町時代の禅宗を支えます。そこで開いた文化のことを、五山文化と申します。この辺の話は『東アジア海域に漕ぎだす4 東アジアのなかの五山文化』（島尾新編・小島毅監修、東京大学出版会、二〇一四年）を参照してください。

当時、明との外交を担当したのもこの五山僧でありました。彼らは幕府の学術政治顧問としても活躍し、先ほどの夢窓疎石の弟子でありました義堂《ぎどう》周信《しゅうしん》（一三二五～一三八八）に、当時の将軍・足利義満が『孟子』の注釈書について質問したときに、義堂は「中国には新旧二つの流派があって内容が違う」というふうに答えた記述が残っています。この新旧二つの流派というのは、後漢の趙《ちょう》岐《き》による注と、朱熹の新しい集注のことです。すなわち、漢唐訓詁学の系統と朱子学の系統とでは内容解釈がかなり違うということを義堂は知っていた。夢窓もそうですが、義堂も中国に渡った経験はありません。ただ、同門の夢窓の弟子であるもう一人の有名な絶海《ぜっかい》中津《ちゅうしん》（一三三四～一四〇五）という人は十年間（一三六八～一三七八）中国に留学し、彼が留学した最初の年が明の建国の年と同じ一三六八年ですので、建国間もない明の気風を体験している。

このように、十三～十六世紀にかけての日本の朱子学受容は、もっぱら禅僧によってなされていました。これが、韓国との決定的な相違です。韓国では、高麗王朝時代に既に宋にならって科挙官僚制が整備されていて、儒教の経典についての知識を学力試験で試して、その試験結果のいい人物が政界・官界で活躍する基盤がありました。そして、だんだん高麗末期になると朱子学も入って来て、特に蒙古の軍事侵攻によって高麗がやむなく服属国となると、官僚たちが蒙古（元）の都である北京に行きます。そうすると、北京では本場中国の朱子学が既に盛んになっています。そこで、高麗の儒者が中国の儒者から直接教えを受ける機会があったわけです。

明になるとこの趨勢はより一層進み、一三九二年に成立した朝鮮王朝は最初から朱子学を国教としておりました。これに対して、日本は同じように明と付き合い、国交がありましたが、外交使節団は禅僧主導でしたので儒者同士での交流の機会がなかったわけです。このことが、国家儀礼や冠婚葬祭といった礼の面において、朱子学の新しい要素が日本に伝来するのがずっと遅れる要因となったのではないかと考えています。なぜなら、禅僧たちは朱子学をもちろん教養として学んで帰って来るわけですが、彼らが行うのは仏教式の儀礼です。ですから、儒教式の儀礼導入の積極的役割を果たすはずがない。韓国では、儒者たちによって積極的に朱子学として取り入れられたという違いがあります。

一言付け加えれば、中国仏教における国家儀礼や冠婚葬祭というのは、それ以前から中国にあった儒教や道教の要素を取り入れ、それらを組み替えてつくったものですから、元をただせば儒教式だということになります。

江戸時代における朱子学の自立と陽明学

朱子学が禅僧によってではなく、儒者によって学ばれるようになるのは江戸時代になってからでした。それを象徴する事例が江戸時代初期に活躍した三人の学者、藤原惺窩《ふじわらせいか》（一五六一～一六一九）・林羅山（一五八三～一六五七）・山崎闇斎（一六一八～一六八二）の経歴です。すなわち、惺窩はもともと相国寺（京都五山第二位）の僧侶だったのが還俗します。羅山は少年時代に建仁寺（京都五山第三位）で学問を修めていましたが、若いころの羅山は出家まではしなかったようです。山崎闇斎は妙心寺（五山とは距離を置く京都の臨済宗寺院）出身で、僧侶でありましたが、土佐で還俗した人物です。還俗して儒者になるわけです。

皮肉なことに、羅山は既に少年時代に朱子学者を志し、出家を拒んで朱子学を教えてもらおうと思ってわざわざ藤原惺窩に入門しましたが、徳川家康の下に出仕する際に、髪の毛を剃り、お坊さんの服を着て、道春と名乗ることになります。なぜかというと、武家政権中枢に仕える学者は僧侶でなければならないという慣例がまだ生きていたからです。鎌倉幕府以来の伝統が、江戸幕府の初期にも生きていたわけです。

林羅山は、この点をやがて年下の中江藤樹（一六〇八～一六四八）という儒者から批判されることになります。「先生は儒者のはずなのになぜ僧侶の恰好をしているんですか」というわけです。藤樹の世代になると、朱子学で身を立てる学者は仏僧ではなく俗人であることが求められるようになっていたわけです。やや遅れて伊藤仁斎（一六二七〜一七〇五）が出て来ますが、この人もまた京都の町中で俗人にとっての倫理規範としての儒教を説くようになります。

明治時代に井上哲次郎という研究者が出て来ますが、この井上哲次郎たち明治の研究者が行った分類によって中江藤樹は陽明学者、伊藤仁斎は古学とされ、朱子学とは違いますよという所属分類がされるようになりました。しかし、仁斎も若いころは朱子学を勉強していたわけです。どちらもやがて朱子学に対して疑いの目をもつようになり、朱子学から飛び出していまの分類にふさわしいような活躍をするに至ったわけです。

中江藤樹はその短い生涯の晩年に、王守仁及びその弟子の王畿の所説に共鳴したものの、それは藤樹自身の学説が固まってから王陽明の本を読んで、「ああ、私と同じ考えだ」と感じたということであって、中国の陽明学とはやや趣を異にしています。

井上の『日本陽明学派之哲学』（一九〇〇年）という本では、確かに中江藤樹・熊沢蕃山・三輪《みわ》執斎《しっさい》・佐藤一斎・大塩中斎（平八郎）らをつなげて陽明学派としています。しかし、この本の中で、では中江藤樹を紹介するところにどういう名称、タイトルが使われているかというと藤樹学派であって、大塩については中斎学派という呼称が付いているように、実際には彼らの間に系譜関係があってずっと続いていたわけではなく、いま名前を挙げた中で唯一師弟関係があったのは中江藤樹と熊沢蕃山だけです。ただ、この二人の間でもその思想はかなり異なっています。そもそも蕃山は藤樹門下という以外に、私の見るところ「ああ、なるほど、陽明学者だ」と思わせる内容はあまりありません。江戸儒学の中に陽明学の系譜を見出そうとするのは、後の時代、明治以降の研究者がそう願望したからであって、当時の実態を表したものではありません。このことは拙著『近代日本の陽明学』（講談社選書メチエ、二〇〇六年）で書きました。

この件は、実は中国の陽明学にも当てはまる面があるように思います。現在でも、「陸王心学」というくくり方をよく見受けます。この「陸」は先ほど紹介しました朱熹の論敵だった陸九淵のことで、彼の思想は心学だと言われます。この心学の系譜が陸九淵から王守仁へとつながっているという学術史の描き方です。

確かに王守仁は、心即理という言葉を提唱するにあたって、その先人として陸九淵を顕彰いたしました。また、これらを受けて黄宗羲《こうそうぎ》（一六一〇〜一六九五）の『宋元学案』『明儒学案』という宋・元・明時代の儒学史・儒教史についての書物があるわけです。その本の中で黄宗羲は朱と陸の対立が宋代以来ずっと続いており、それがやがて朱子学と陽明学の対立になるのだという筋でこの二冊の書物を書いています。この枠組みが大きな影響をもって、いまでも使われたりします。ですが、実際に陸九淵の系譜がずっと続いていたわけではなく、大きな役割を果たしたということですらなくて、要は、単に朱熹に対抗する旗印として心学という言葉が呼び起こされたに過ぎないと私は考えます。

それより重要なのは、朱子学的な修養方法に疑いの念を持つ人たちが絶えず存在していたということで、朱子学を学ぶ中で、「この説は違うんじゃないか？」という疑いを自分で抱く。そして、いろいろ調べているうちに、「そう言えば朱子学と違うことを言った人が過去にもいるのだ」ということを発見していくという過程を絶えず繰り返していたということなのです。

そこで、彼らを並べて配列してみますと、陸九淵から王守仁に至る系譜がつくれるということになります。井上哲次郎が『日本陽明学派之哲学』の中で、江戸時代の「陽明学者」たちをつなげたのもそれと同じことだろうと考えております。

ともかく、この系譜を批判する立場、つまり、自分を正統的な朱子学者だと認識する側からは、中国でも日本でも心学・陽明学的な人たちに対しては「禅」という言葉が非難のレッテルとして浴びせられることになります。先ほど言いましたように、これは朱熹がそもそも陸九淵を批判するやり方でしたし、王守仁が朱子学の枠組みを飛び出す教説を唱えるようになると、早速このとが思い起こされまして、王守仁に対する非難の言葉として使われるようになります。これは逆に言うと、禅に親近感を持つ立場の人たち、親近感どころか禅にどっぷり浸かっている禅の僧侶たちは、陽明学に対して親近感をもつようになります。

中国では、明代後半、十六世紀から十七世紀前半にかけては、陽明学者と禅僧との交流が盛んでありました。これは、朱子学登場以前において、宋代の新しい儒教の担い手たちと当時の禅僧たちとの交流が盛んであったのと同じです。ですから、日本への陽明学の伝播もまた禅僧を通じてということとなりました。

そこにおいては、朱子学・陽明学の相違が突き詰められてはいませんでした。そもそも中国においても両者はそれほど異質なものとは言えないと思います。どちらも漢唐訓詁学とは大きく違います。ですから、漢唐訓詁学の系譜を引くと称する清朝考証学とも異質です。朱子学も陽明学も、訓詁学や考証学から見れば同じに見えるのです。ですから、考証学は朱子学と陽明学をあわせて批判しています。

さらに、日本の場合、室町時代には禅の僧侶たちが主体的な役割を果たしましたから、朱子学と陽明学の理論的な相違点について思索するまでには至らなかったでしょう。日本で儒者として朱子学を自立させた第一世代・第二世代の特色として、藤原惺窩や中江藤樹は、朱王折衷、つまり朱子学と陽明学の両方混ざったような所説を述べていると評価されています。これも意図的に混ぜ合わせたというよりは、そういう形で日本では理解されていたのです。中江藤樹が陽明学と出会ったのもそういう流れです。

一方、林羅山は朱子学一尊を説いていましたけれども、その姿は僧侶でありました。こういう状況の中で、朱子学者という立場を純粋に守ろうとしたのが山崎闇斎です。彼やその弟子たちは、『朱子家礼』という本の実践に努め、日本古来の神道を結びつけて、儒式であると同時に神道式でもあるようなお墓を造るようになります。

この『朱子家礼』という本は、異説もあるのですが、朱熹が編纂したと考えられます。朱熹が編纂した家の中での礼法、家の中での礼というのは、具体的には『朱子家礼』に書かれているのは冠婚葬祭です。中でも日本で重きを持ったのは葬と祭、つまり、葬式と祖先祭祀です。

そもそも日本には古来から仏教式ではない葬儀、仏教式ではないお墓がありました。これは律令の中で定められているやり方等にしたがったものです。そもそも律令というのは儒教の礼儀を法文化したものでして、漢唐訓詁学の影響を受けています。つまり、一言で言えば儒教式だったわけです。日本古代の制度で仏教式のものもありますが、一方で儒教式のものもあったわけですから、江戸時代における神道と儒教は一致するという主張は、実はもともと源流を同じくする二つの流派が、あらためて互いに似ているということを言っていたに過ぎないのではないでしょうか。元をたどれば同じだからです。山崎闇斎たちが「神道式だ」と言っている日本古代の神道式というものは、もともと中国の儒教の影響を受けてつくられたもので、そこに朱子学の『朱子家礼』を学んで新しく儒教式という看板が持ち込まれたときに、「日本古来の神道式のものと似ている」と主張されたわけですが、似ているのは当たり前なのです。

羅山や闇斎らが神儒一致を強調したのは、その当時において日本においての主流勢力は仏教だったからです。仏教への対抗意識から、いわば二、三位連合、二位と三位で一緒になって対抗しようということだったのではないかと思います。

江戸時代になりますと、後に「好学大名」と称される儒教愛好者が現れてまいります。池田光政（岡山藩）・保科正之（会津藩）・徳川光圀（水戸藩）・前田綱紀（加賀藩）らです。後に将軍となる徳川綱吉や家宣といった人たちも、館林や甲府でまだ大名だった時代から朱子学に親しんでおりました。かつて室町時代に将軍・大名の傍らに五山の僧侶たちがいたのに対して、江戸時代の将軍や大名の傍らには朱子学者がいるというようになります。

林羅山のところは親子三代、僧侶の姿で仕えていたのですが、綱吉は将軍になってから林家三代目の鳳岡《ほうこう》（一六四四～一七三二）に蓄髪《ちくはつ》での出仕を許しました。以後、林家歴代の当主は大学頭《だいがくのかみ》として朱子学を講じ、幕府の御用学者を務めます。有名な新井白石（一六五七～一七二五）、室鳩巣《むろきゅうそう》（一六五八～一七三四）もこのころ出て来ますが、彼らはいずれも木下順庵（一六二一～一六九九）の門下です。木下順庵は藤原惺窩の孫弟子ですから、白石・鳩巣は曾孫弟子に当たりまして、こちらは林家とはやや異なる学風ながら、やはり朱子学です。

それから荻生徂徠（一六六六～一七二八）という巨人がおります。独学で身を起こした人で、彼も学んでいたのは朱子学です。そして、朱子学の知識によって綱吉の側近の柳沢吉保に召し抱えられます。彼は、晩年、朱子学を方法的に批判し、江戸儒学の一大流派と言われる古文辞学を樹立します。

このようにして江戸時代の中期ともなると、朱子学は禅寺から独立し、それぞれの門流、つまり、林家はのちに正学と呼ばれる朱子学、順庵の系統は彼ら自身の系統、伊藤仁斎は仁斎学、荻生徂徠は徂徠学、中江藤樹は藤樹学というように、それぞれの門流ごとに世代間継承がはっきりすることになります。

十九世紀ともなりますと、もともとは中国の朱子学で使っていた尊王攘夷などという物騒な言葉が、日本でも朱子学を勉強する人たちの間に広く浸透します。吉田松陰が唱えた「草莽崛起《そうもうくっき》」

ということばを借りれば、まさに草莽にまで尊王攘夷という語が定着しました。尊王攘夷を主張して、幕府の大老や老中の暗殺を企てたり、西洋人を殺傷したりする物騒な連中が登場し、幕府を倒して明治維新を成就することになるわけです。

初出は『東洋学術研究』五十四巻二号（二〇一五年）で、創価大学にある公益財団法人東洋哲学研究所に招かれての講演記録。

五山文化研究への導論

五山文学は、全く文学界の孤児であり、天涯孤独をかこつばかりである。（玉村竹二）

玉村竹二の嘆き

冒頭に掲げた引用文は、玉村竹二の手になる。玉村は、東京大学史料編纂所の『大日本史料』編纂事業で第七編（室町時代前半の北山時代）を担当し、一次史料として大徳寺文書をはじめとする五山関係の文書や書籍を調査、その延長線上に『五山文学新集』全六巻・別巻二巻を編集している。言うなれば、日本史研究者としての立場から五山文学の重要性を痛感していた人物であった。彼が『五山文学新集』【1】全体の「序」において吐露したのが、この嘆きなのである。

玉村によれば、五山文学は、中国研究・仏教研究・日本研究の三者すべてから見放されてきたという。五山文学の詩文には仏教語が多く使われている。「この一点だけで、中国文学の専門家からは見放され、三流品のレッテルを貼られ、「抹香臭い」の一言で片付けられてしまふ」。逆に「禅宗の宗旨研究家」にとっては、中国僧の漢詩文と日本僧の和文の間にあるため、「漢文的表現は基本的な中国の祖録だけで、たくさんとあつて、その中間に位する五山文学作品はここでも継子扱ひで、一向に見向きもされない」。そして、日本文学研究では、「今度は、その文体が漢文であるために、どうしても国文学の正統の流れに仲間入りさせて貰へないやうである」。

つまり、日本人の禅僧たちが漢文を用いて書き遺した詩文を正面から取り上げて検討する意義を、中国研究も仏教研究も日本研究（国文学）も、感じて来なかったという。その結果が、冒頭に掲げた嘆き、「かうなると、五山文学は、まったく文学界の孤児であり、天涯孤独をかこつばかりである」となる。歴史学界だけが「ただ一人、これに憐れみをかけ、これに対し陰に陽に救済の手をさしのべる」のだと、玉村は言う。

玉村のこの「序」の日付は、昭和四十二年（一九六七）三月十九日、いまから五十年も前のことである。この間、玉村自身をはじめとする諸家の功績によって、五山文学はしだいに興味関心を惹く対象として認知されるようになってきた。しかし、それは五山文学における個別の作者や個々の作品に対する検討が深化したということであって、五山文学の歴史的位置づけ、五山文学とは何だったのかというその本質の解明については、いまだに玉村が嘆いた時点とさほど変わりないようにも見受けられる。義堂周信《ぎどうしゅうしん》・絶海中津《ぜっかいちゅうしん》に代表されるいわゆる夢窓派による五山主流の正統的な作品群と、一休宗純による異端的な作品との両者を包括する形での五山文学論、そもそも「五山文学」なるくくりが有効なのかという点も含めての議論の展開はまだ充分にはなされていない【2】。

玉村が歴史学の研究者であったのと同様、筆者も文学を専攻する者ではない。しかも、主たる対象は（玉村がそうであったように）日本ではなく、中国思想にすぎない。そうした者が五山研究について問題提起するというのもおこがましいが、共同研究【3】に参加する中で得た知見を、個人的に年来考えてきたことと総合することによって、あえて蟷螂の斧をふりかざす次第である。

「鎌倉新仏教」と五山

いまでも高校の日本史や倫理においては、「臨済宗をはじめて日本に伝えたのは栄西」と教えられている。しかし、この言い方は、いくつもの留保条件をつけたうえでなければ、事実に反する記述となる虞《おそれ》がある【4】。

そもそも、現在、「臨済宗」という名称の下にある諸寺院は、いくつかの流派に分かれ、それぞれに日本における史的展開の物語を持っている。たとえば、「臨済宗東福寺派」の場合、中国から日本にその教えをもたらしたのは、無準師範の下に留学していた円爾であって、系譜上、栄西は無関係である。また、「臨済宗建長寺派」では、渡来僧の蘭渓道隆が派祖なのであって、ここでも栄西は登場しない。蘭渓の後任として鎌倉に呼ばれた無学祖元《むがくそげん》は、「臨済宗円覚寺派」の開山ということになっている。栄西は「臨済宗建仁寺派」の祖師にすぎないのだ[5]。

栄西の名で臨済宗全体を代表させる語り口が学校教育の現場で浸透していくのは、「鎌倉新仏教」という観念が成立したことによるところが大きいだろう。周知のように、平安仏教と異質な新しい仏教の宗派として、通常次の六つが「鎌倉新仏教」としてもてはやされてきた。そして、そのそれぞれに一人ずつの開祖を割り当てる形が採られた。すなわち、浄土系新興宗派として、法然の浄土宗、親鸞の浄土真宗、一遍の時宗の三つ、天台教学の脱密教化運動として生まれた日蓮の法華宗（現在の呼称では日蓮宗）、そして、新来の禅仏教として栄西の臨済宗と道元の曹洞宗とである。

そもそも、この「鎌倉新仏教」なる概念自体、西欧における十六世紀の宗教改革になぞらえて、鎌倉時代を仏教革新時代ととらえる一つの仮説にすぎなかった[6]。そのため、そこではキリスト教におけるプロテスタンティズムとの比較により、「個人の魂の救済」とか「政治権力との距離」とかいったところに高い価値を賦与し、それによって、政治的・社会的に旧体制を支えていた平安仏教との差異化が図られた。

これにより浄土系では三宗派のうち特に浄土真宗を重視することとなり、また、『歎異抄』の公開出版や、一九一七年（大正六）刊行の倉田百三『出家とその弟子』の影響力もあって、近代社会でも意味を持ちうる教説として、親鸞が再評価されるようになった。天台宗の改革派であった日蓮についても、幕府から弾圧された経歴が反権力的でよろしいと、プラス価値で評価されるようになったのである。

禅系統においては、幕府権力と距離を保ち、「只管打坐《しかんたざ》」を説いた曹洞宗の道元の教えが注目された。その象徴が、和辻哲郎の「沙門道元」であろう。この論考は、一九二六年（大正十五）に刊行された『日本精神史研究』に収録されることで一躍有名になった。臨済宗では林下の大徳寺で活躍した反骨の僧侶一休が、江戸時代以来の庶民的人気もあって高く評価されることになる。

各宗派は、江戸時代の寺請制度の下では、それぞれ自分たちがいかに安寧秩序・公序良俗にかなう宗派であるかを強調してきたわけであるが、近代の思想史的言説におけるこうした流れを巧みに取り入れ、それぞれ自分のところの祖師が近代社会にも適応可能な普遍的教説を説いたことを力説する戦略へと方向転換を遂げた。こうした風潮にあって、室町時代において政治的体制派であった五山（二一六頁参照）は、マイナスイメージで捉えられることとなる。

津田左右吉の五山文学批判

本稿冒頭で紹介した玉村竹二の嘆きに見られるような五山文学評価を定着させるにあたって、功績があった（＝害毒を流した）とみなすことのできる見解の中で、ここでは津田左右吉の『文学に現はれたる我が国民思想の研究』を取り上げたい。その知名度や影響力の大きさからいって、「主犯」と名指ししてもかまわないのではないかと思うからである。津田はその第二部「武士文学の時代」第二篇第四章において、次のように述べている。なお、この巻は一九一九年（大正八）の刊行であり、『出家とその弟子』や『日本精神史研究』と同時期のことである【7】。

　所謂五山文学がそれである。国文学の上にも国民思想の上にも関係するところは甚だ少ないが、兎も角も社会の一隅に存在している事実であるから、一応それを吟味して置く必要がある。

「社会の一隅に存在している」がゆえに「一応それを吟味」する。津田の表現は最初から五山文学に対する敵意に充ちている。

　彼によれば、五山文学とは、支那思想【8】の上に建てられた禅宗を修行し、すべての文化に於いて支那を崇拝している禅僧が支那の詩文を作るのであるから、それは「畢竟支那人の口まねをするに過ぎない」。しかも、内容的にも支那の思想・支那の事物を述べているのであって、「支那語・支那文学を仮りて日本人の思想を現はし日本の事物を写そうとするのではない」。

　五山の僧侶たちが思想的に支那に深く心酔していた事例として、津田は渡唐天神の伝承をとりあげる。渡唐天神とは、東福寺開山の円爾の夢に菅原道真（菅公）が現れ、海を渡って円爾の師である無準師範の下で禅を学んでくるという話柄《わへい》である。五山僧によって禅の宣伝材料として使われ、道真の画像（渡唐天神像）をともなって広く流通した。この伝承について、津田はこう評価する。「渡唐天神の伝説は禅僧の間から出たものらしいが、文学の神として特に彼等の崇敬している菅公を無準に参禅させたところに、彼等が思想上支那本位であったことを示している」。日本を代表する文学者であった菅原道真【9】を支那禅僧の弟子に位置づけようとするこの発想を、津田が批判的に見ていることがわかる。

津田は、「禅僧の漢文学が容易に国風と同化しないのは、それが支那人特殊の趣味に基づいたものであるからである」とも言っており、これは彼が国風への同化を良しとする立場にあったことを如実に示している。彼が構想する国民文学の歴史の中に、五山文学はうまく収まらないのだ。

　禅僧の態度は国民的では無くして寧ろ世界的であつた。最も彼等の思想に於ける世界の中心は支那であつたから、世界的といふのは即ち支那本位といふことである。要するに禅宗と禅僧の思想とは、此の時代になつても依然として異国のものであった。……要するに禅僧の漢文学は大体に於いて、叢林の禅にのみ行はれた別世界の文学的遊戯に過ぎなかつたのである。

五山文学を外国のものとして外部に排除することによって、それとは異なる純粋なる国民文学の歴史が描ける。津田の五山文学への酷評は、彼がそもそもこの著書において意図した主題、

「文学に現はれたる国民思想」を叙述するうえでは、そうせざるをえないものなのであった。

津田は付随的に五山で流行した書画の趣味にも言及し、こう述べる。

禅僧と特殊の関係のある所謂宋元画の摸作もまた同じ位置にあるので、それが国民芸術として取り扱はれる資格の無いものであることはいふまでも無かろう。国民文学が歌連歌と物語とであると同様、国民的絵画は大和絵であつて、広く世に行はれているのもまたそれであつた。

国民文学としての和歌・連歌・物語と、国民芸術としての大和絵。それらに対立するものとして、支那文学・支那絵画の模作としての五山文化が存在する。しかし、「摸作は到底摸作に過ぎない」。日本における主流、「広く世に行はれている」ものとして検討・研究に値するのは、「国民文学」・「国民芸術」の側であった。津田はこのようにして五山文学を葬り去るのである。

そして、津田のみならず、このことは五山をめぐる全体的な評価としても当時の大きな趨勢であった。大正時代において、「国民」を強調する文脈の中で歴史を回顧した場合に、五山の文化は否定・抹殺すべき性格のものとして表象された。

津田前掲書に数年遅れて、平泉澄が東京帝国大学での講義を基に一九二六年（大正十五）に出版した『中世に於ける精神生活』（復刊、錦正社、二〇〇六年）には、漢詩文作品に対する直接の言及はないが、「五山の僧侶の間には、支那の歴史には相当に通暁してゐる人もあつたらしいが、眼を内へ転じて我が国の歴史となれば、少しも分らない人が多く、或はすべてが国史の智識を欠いてゐた」と、津田同様、彼らの「支那」中心主義を批判する言辞が見える。五山僧の日記に男色記事が多いことなどを例に、平泉はその道徳的堕落も非難している[10]。

大正時代に形成されたこの視線は、単に五山文学評価の問題にとどまるものではなく、室町時代の文化を捉えるときの枠組みを固定化するはたらきをしたと思われる。すなわち、芸術面における伝統文化創成期としてのプラス評価と、文学・思想面における停滞というマイナス評価とへの分裂である。しかし、両者が同じ土俵から生まれた事象だとするならば、この二つを有機的に結びつけて解釈する視点に立ち戻ることが必要なのではあるまいか。「五山文化」という用語によって、それを試みようとする所以である。以下、政僧として活躍したことによって五山体制の確立に大きく貢献したキーパーソンを例に、このことを考えてみたい。取り上げるのは、夢窓疎石である。

夢窓疎石の位置

夢窓疎石（一二七五〜一三五二）は南北朝時代初期を代表する禅僧である。伊勢源氏の佐々木氏の生まれで幼くして顕密系寺院で出家、二〇歳のときに禅僧に転じ、三一歳で鎌倉浄智寺にて高《こう》峰顕日《ほうけんにち》（後嵯峨院の皇子）の法嗣《ほうし》となった。四五歳で覚海尼《かくかいに》（北条高時の母）に招聘されたのに始まり、以後、後醍醐天皇や足利尊氏・直義兄弟の帰依を受け、後醍醐天皇・光明天皇・光厳上皇から個別に国師号を授けられ、死後の追贈を合わせると全部で七つになるため「七朝帝師」と呼ばれる。臨川寺や天龍寺の開山となり、観応の擾乱のさなか、七七歳で死去。足利政権における宗教政策、天龍寺造営や安国寺利生塔設置の中心人物であった。天龍寺の他、足利義満が春屋妙葩《しゅんおくみょうは》（夢窓の門弟にして血縁上の甥でもある）に造らせた相国寺の名目上の開山でもあり、室町時代の五山制度の生みの親といってもよい存在であった。彼の法系は夢窓派と呼ばれ、僧録司など室町幕府の外交・文化政策の要職を独占した。

彼は臨川寺・天龍寺の他に、甲斐の恵林寺や鎌倉の瑞泉寺を創建しており、また、それらに庭園を設けていることで知られている。中でも京都の西芳寺は、従前から存在した浄土宗の西方寺を改宗・改修させたもので、その景観はのちに足利義政の東山山荘（現、慈照寺）のモデルになった。西芳寺は応仁の乱で伽藍を全焼し、庭園も損害を受けたため、現在の姿は夢窓当時のものと大きく異なっている。枯山水として著名な洪隠山枯滝石組は、夢窓時代には存在せず、応仁の乱のあとの復興期における産物であろうとする説もある[11]。西芳寺の別名ともなっている著名な苔は、ずっと後世になってからこの寺の衰微を象徴するものとして生えたのであり、それが近代に成立した視線から「日本の伝統美」と評価される皮肉な運命をもたらしたにすぎない。つまり「苔寺」の誕生は夢窓の関知しない事象であることになる。とはいえ、（夢窓当時の）西芳寺庭園や天龍寺庭園が室町時代における規範として仰がれていたことは疑いなく、この点で夢窓は五山文化のまぎれもなき領導者であった。

ところが、従来の五山文学研究においては、夢窓の作品はあまり注目されてこなかった。五山文学の双璧とされる義堂周信・絶海中津は、ともに彼の弟子であるにもかかわらずである。ちなみに、玉村の『五山文学新集』刊行開始直前に出た、山岸徳平校注による『五山文学集　江戸漢詩集』（岩波日本古典文学大系第八十九巻、一九六六年）には、夢窓の詩は一首も採られていない。

それにはもちろん理由があるのであって、彼の実作が義堂・絶海はもとより、その他の五山詩人たちの水準にも及ばないという判断が働いているのであろう。政僧としての活躍ぶりと単純に考えあわせれば、それは彼に詩心がなかったからと解釈することもできようが、後述するように和歌の方面では高い評価を受けていることから見て、おそらくそれは漢詩制作という技法上の問題ではなかろうか。夢窓には、多くの五山詩人とは異なって、中国留学経験がないのである。

彼は禅僧に転じた直後の二〇歳代、上述した高峰顕日につく以前に、建仁寺の無隠円範や建長寺の葦航道燃、円覚寺の桃渓徳悟らの下で修行している。これらの師僧は、いずれも渡来僧で建長寺開山蘭渓道隆の法嗣であり、高峰も渡来僧で円覚寺開山無学祖元の法嗣であった。蘭渓や無学の来日は、南宋直輸入の禅風を鎌倉にもたらしたとされている。夢窓はいわばその第三世代として、彼らの孫弟子としてこの禅風の定着期に修行を積んだ。また、夢窓は建長寺で渡来僧一山《いっさん》一寧《いちねい》にも師事している。こうした環境にもかかわらず、あるいは、こうした恵まれた環境であったからこそと言うべきか、彼は一度も渡元することなく日本国内でのみ修行の歳月を重ねている。留学者は禅僧全体から見れば特殊な限られた存在ではあったろうが、多くの逸材を輩出して五山体制全体を牛耳ることになる夢窓派の開祖に留学経験がないというのは注目に値する。夢窓が留学を希望する弟子に向かってその必要はないと述べ、留学帰りの僧侶につけばそれで充分としたという逸話もあり、何が何でも留学をさせようという気風ではなかったことは想像できる。義堂も（夢窓に留学を止められたかどうかは定かではないが）渡元していない。絶海は十年間を明で過ごしたが、それは夢窓没後のことである。

日本国内においても漢詩文の制作実習はできたわけだし、実際、夢窓の偈が本場中国に伝わって中峰明本に絶讃されたという逸話もあり、彼の漢文能力が冴えなかったというわけではなかろう。義堂には留学経験がないが、絶海と並んで五山文学の代表的存在と評されているのである。

したがって、夢窓に海外経験がないことと、彼の詩文が文学的に高い評価を得ていないこととは短絡的に結びつけるべきではないかもしれない。ただ、彼に海外経験のないことが、留学帰りの連中と自己との差異を強く自覚させ、それが漢詩文制作とは別の方面での活躍へと彼を導いた可能性が想定される。

『夢中問答集』は、彼の思想的主著と目されている。この作品は、漢字仮名まじりの文体を用い、足利直義との問答の形式で禅の教説を語ったもので、夢窓派が勢力を誇った室町時代はもとより、江戸時代においても入門書として広く読まれたという[12]。本稿の観点からは、二つの特徴をあげておきたい。為政者との問答であるということと、夢窓自身によって印刷刊行されていることである。

足利直義は征夷大将軍尊氏の弟として幕府の実権を握り、武衛将軍とか副将軍とか呼ばれていた。そうした人物との対話という形をとっている点に、夢窓が仏法と王法（世法）との関係を解き明かそうとした意図を見ることができるとの指摘がすでになされている［13］。本書が世俗の最高権力者への説教であったというところに、五山文化の礎を築いた政僧夢窓の面目躍如たるものがある。

また、これを確定したテクストとして広く流通させるために印刷出版という技術が使われたことが重要である。印刷史上、仮名まじりによる最初期の出版物とされている。もちろん、五山版に分類される。これによって漢文脈になじみの薄い読者層を意識した弘通《ぐつう》が図られたわけである［14］。現在から回顧して見ればたいしたことではないかもしれないが、印刷物は漢籍しか存在しなかった中で、仮名まじりの文体の出版物を作るという創見は、常識を覆すものであったろう。仮名の地位を高めることに夢窓が貢献していたとするならば、津田左右吉のように五山文化を貶めるのは筋違いということになる。

室町時代に盛行したいわゆる抄物（古典についての講義ノート）は、内典のみならず、量的にはむしろ外典漢籍を口語により注解したことが注目されているが、五山では夢窓派の活躍が目を引く。応仁の乱の最中、文明年間に、『周易』『史記』『三体詩』などの抄物を著し、当該期の代表的作者とされる桃源瑞仙は、絶海の孫弟子、すなわち夢窓三伝の弟子にあたる。経・史・集にまたがる中国の古典の和語による注解を記録する営為は、『夢中問答集』に通ずる性格があるのではなかろうか。五山文学の対象作品範囲を漢詩文の実作にかぎらず、こうした抄物にも拡げてみるならば、それは書記言語としての日本語の形成という問題とつながる。

しかも、夢窓は、漢詩文よりは和歌のジャンルで名をなしていた。西山美香は夢窓の和歌が足利義政の東山山荘の装飾として重要な役割を果たしたことを指摘し、「これまで「禅林の文学(五山文学)」といえば、漢文の詩ばかりが注目されてきたが、禅林は和歌や説話を生産し伝え続けてきた、和の文学の豊かな水脈をもっていたことがわかる」と論じる[15]。西芳寺を模した東山山荘では、歌詠みとしての夢窓も憧憬・敬仰の対象だったのである。従来、漢詩文のみに限定して論じられてきた「五山文学」論は、当時の実相にはそぐわない。

知や美の集積庫であった五山を文化的な総体として理解するためには、後世になって設けられた枠組みに囚われず、当時の思惟に即して多方面から考察を加えていく必要があろう。政治顧問的役割や寺院庭園造営の面に比べて、思想家・文学者としてはきちんと評価されてこなかった観がある夢窓について、その文脈から総合的に再評価する営為が求められていると言えよう[16]。そして、それは夢窓に限らず、円爾や蘭渓のような五山草創期に活躍した者たちについても妥当するであろう。

南宋宗教制度研究への糸口

安国寺と利生塔は、夢窓が『夢中問答集』と同時期に、足利尊氏・直義兄弟とともに制定したものとされている。日本全国（六六国と二島の計六八箇所）に一つずつ、戦死者慰撫のための安国寺と民政安定のための利生塔（舎利塔）とを指定するというこの制度は、宗教的動機のみならず、政治的に足利政権の基盤を安定させる効果を期待していたと解釈されている[17]。

この発想の起源としては、聖武天皇の国分寺制度とアショカ王（阿育王）の八万四千の舎利塔建立が指摘されているが、今枝愛真は、中国宋代の影響を強調する。すなわち、徽宗が民心慰撫のため各州に建立した天寧禅寺と、高宗が父徽宗追善のために各州に設立した報恩光孝禅寺とである。もっとも、これら宋代の施策と足利政権の安国寺利生塔設置とを直接結びつける史料があるとか、夢窓や直義がこれらの宋制にどこかで言及しているとかいうことではなく、今枝の推測によるものである[18]。

この見解は学界の支持を得ているわけではない[19]。だが、五山制度がそもそも南宋由来のものであること、中国でも各州の禅院制度が形骸化したあとに五山制度が確立したことを考慮すると、今枝説もあながち荒唐無稽とは言い切れない。特に、南宋初期の高宗の報恩光孝禅寺のほうは、まだ不安定であった中央政権が地方を掌握する機能を期待されていたであろう点で、初期足利政権と類似した時代背景にあった。文献や伝承による記憶としてそのことを知っていたかもしれない夢窓やその周辺が、この故事に依拠するということは充分想定できるのである。

ただし、問題は、中国における当該史料の欠如である。徽宗の政策にしろ高宗の政策にしろ、現存する中国の史料からその具体相はまったく覗えない。高宗が紹興九年（一一三九）に報恩光孝禅寺を設置したという記述は、『仏祖統記』巻四十七に見えるものだが、南宋初期の詳細な年代記である『建炎以来繋年要録』にはまったく記録されていない［20］。徽宗の場合、道教への傾倒ぶりが（批判の対象として）史料に特記されているけれども、仏教政策については、むしろ道教の亜流に位置づけようとして失敗したという弾圧の面のみが記録・記憶されている［21］。高宗についても、その個人的な仏教帰依は知られているものの、政策的には儒教尊崇者としての側面が名君の証拠として語り継がれてきた。今枝説が実証性を欠くのは、宋代の禅仏教に対する国家の政策が史料上不明瞭だからなのである。

そもそも、五山制度自体、中国に残る記録では詳細がわからない。寧宗（在位一二〇八〜一二二四）のとき、宰相史弥遠《しびえん》の提案で始まったとされるが、これも朝廷の正式な記録に見えることではなく、仏教教団内部での言い伝えにすぎない。史氏一族が弥遠の父浩の代から仏教庇護者として知られていたこと、禅の五山のうち二つが史氏の地元慶元府（現在の寧波）にあり、残り三つも彼らの勢力範囲たる行在臨安府（杭州）にあることなどから、この伝承自体は正確であろうと推測できるが、そのことを定めた公式な文書は二次史料としての編纂物に記録として留められていないのである。

このことは、宋代、とりわけ南宋後半期の史料としてわたしたちが現在使いうるものが、ある偏向に基づいて編纂されていることと関わる可能性が考えられる。それは〈朱子学のフィルター〉とでも称すべきものである。

中国ではもともとそうした傾向が強いが、特に宋代において歴史編纂は儒教イデオロギーの支配下にあり、徽宗・高宗期についても同時代的にすでに儒教の色眼鏡による粉飾が施されていた。もし仮に、当時実際に各州に特定の禅寺を指定する制度が施行されていたとしても、そのことを、皇帝を頌える業績として記録することは、史官の潔しとするところではなかったのである。南宋後半、十三世紀の寧宗期は、史弥遠政権に対する歴史的評価の問題もあって、すべてが事実通りに記録されて伝わったわけではない。朱子学の教説を奉ずる士大夫たちが、その理念に基づいて、史弥遠政権の実像をゆがめて伝えたからである。寧宗の次の理宗ともなると、その時期の会要（当該時期に作られる史料集）の編纂が南宋のうちにはなされず、宋元交替後にようやく史料整理が行われたため、さらに一層の問題を生じた。一言で概括すれば、現在私たちが親しんでいる南宋後半の歴史は、朱子学者たちが自分たちのイデオロギーに合わせて脚色した物語にすぎない[22]。

南宋～元に編纂された杭州や寧波の地方志も同様である。そこでは、五山に認定されたことを誇り高く記載するどころか、仏教寺院を有害施設とでも言わんばかりの記述がなされている[23]。これは編纂者である儒教的士大夫の認識の反映にすぎず、当該時期の当地の人々の総意ではない。

五山制度が、中国の文化史や宗教史においては、日本の五山ほどには重要視されず、そのため研究もあまり進展していない大きな理由はここにあると思われる。つまり、五山制度自体が中国で重要でなかったわけでは必ずしもなくて、むしろ、それに関する史料の残り方・遺し方に原因を求めうる。政府（幕府）の公的記録を五山（特に相国寺）の僧侶が担当し、その記録に基づいて室町時代の政治や制度を検討している日本史の場合とは、状況がまるで異なるのである。

このことは、逆に言って、中国における五山の様相は、日本側のそのありようから部分的に復元可能であることを意味している。中国の場合、禅のみならず、教・律にもそれぞれ五山が定められたのだが、その実態はほとんどわからない［24］。日本でも、鎌倉時代に宋への留学経験者によって律宗が再興されたわけだが、禅の五山のようには体制化しなかった。ただ、中国におけるよりは当時の状況を伝える史料が遺されている。また、元や明初においても存続していた五山制度の仕組みや実相については、南宋時代以上に史料がなく、よくわからない。中国の残存史料だけを見ていると、明は王朝創立当初から純粋な儒教王朝であったかの如き様相を呈している。もし私たちがそれを鵜呑みにするならば、それはそうした史料のみを遺してきた明代朱子学系士大夫たちの思うつぼであろう。

日本における五山の状況を再構成することで、中国における〈失われた歴史〉を取り戻すことができれば、学術的な国際貢献になろう。中国同様、近世において朱子学一尊の歴史編纂を実施していた韓国も含めて、儒教イデオロギーに染まらない形で、東アジア海域における文化の全体像を明らかにしていく営為が、将来的に期待しうるのである。

おわりに

以上、本稿では、前半において、五山文学を日本文学史の中で低めに評価する考え方が近代、特に大正時代になってから形成されたことをあらためて確認し、それが鎌倉時代の宗教史的評価と連動するものであったことを指摘した。そして、後半では五山文化のキーパーソンである夢窓疎石を取り上げ、先行研究に依拠しながら、文化面で彼が果たした役割の重要性、何よりも多方面にわたる彼の活躍が示すその総合性において今後さらなる検討を加えていくべきことを述べた。さらに、夢窓によって試みられた安国寺制度の源流に関して、一説において想定されている中国宋代の制度それ自体の研究がほとんどなされていない現状を紹介し、宋代史研究における残存史料の問題と、日本の五山文化研究の深化によってそれを突破する可能性に言及した。

本稿で述べたことは先学の諸成果の蓄積に基づいて再構成してみた私論・試論にすぎない。実証的にはすべて今後の課題である。こうした試みによって、とかく閉塞的になりがちな個別分野における研究同士を有機的に結合し、従前の枠組みに代わる新たな歴史認識の地平が開かれることが期待される。

わが国には、幸いなことに、伝統ある寺院や江戸時代の大名家によって、数百年前の書籍・文書が大量に残存している。これを、戦乱や政策によって一次史料がほとんど現存しない中国の場合と比較すると、状況は恵まれていると言うべきであろう。日本に伝わる史料に基づいて中国における〈失われた歴史〉を一部再現することができるならば、それは日本の中国学が世界に向けて誇れる成果となるであろう。五山文化研究にはその可能性が秘められているのである。

注

[1]『五山文学新集』は東京大学出版会から、昭和四十二年から五十六年（一九六七〜八一）にかけて刊行された。これに先行して、上村観光が『五山文学全集』全四巻を、明治三十八年（一九〇五）から大正四年（一九一五）にかけて裳華房から刊行している。玉村の事業はこれを継承するものであった。

[2] そもそも一休は五山寺院ではなく林下の大徳寺で活躍した僧侶であり、そうした作品を「五山文学」という呼称に包含するのはおかしいという立場から、「禅林文学」という用語も存在する。この立場からは、「五山文学」という語は、その一部をなす狭義の意味で用いられることになる。ただ、本稿では、のちに述べるように、五山の文化的達成を、単に文学面だけではなく当時の文化システム全体の中に位置づけたいという立場から、あえて一休ら林下も含めた意味で、五山文学という呼称を広義に用いたい。五山体制の中にあった十刹や諸山はもちろん含まれる。

[3] 本稿は、多くの先行研究に導かれているが、特に関係の深い四つを挙げておく。末木文美士『日本仏教思想史論考』（大蔵出版、一九九三年）、村井章介『東アジア往還——漢詩と外交』（朝日新聞社、一九九五年）、西尾賢隆『中世の日中交流と禅宗』（吉川弘文館、一九九九年）、伊藤幸司『中世日本の外交と禅宗』（吉川弘文館、二〇〇二年）。

[4] 明庵栄西を禅宗の日本における開祖とするこの言説は、鎌倉時代末の虎関師錬『元亨釈書』において樹立されたとされている。しかし、その後も、栄西以前においてすでに禅は日本に伝わっていたとする歴史認識が有力であり、聖徳太子や弘法大師空海にその功績を帰することが行われていた。栄西・道元がもたらした新仏教として禅宗を理解する今日の認識と、五山制度の時代に生きた当事者たちの自己認識との間に齟齬があることを見落としてはなるまい。

【5】現在、臨済宗に分類されている宗派としては、他に五山寺院系列の南禅寺派・天龍寺派・相国寺派、それに林下の大徳寺派・妙心寺派など全部で十四流派がある。京都五山の六寺が東福寺の塔頭万寿寺を除いてみな独立した大本山になっているのは、教説内容のみならず世俗的な次元の問題も絡んでいるのであろうが、建仁寺以外は聖一派（円爾派）か夢窓派を開山とする寺院である。鎌倉では、栄西ゆかりの寿福寺・浄妙寺もいまや蘭渓を開山とする建長寺を大本山と仰いでいる。

【6】その嚆矢は、明治四十四年（一九一一）に雑誌『藝文』に掲載された、原勝郎の「東西の宗教改革」という論文であると言われている。

【7】以下、『文学に現はれたる我が国民思想の研究』からの引用は、洛陽堂から一九一九年に刊行された本の三〇五〜三一一頁に散在する。

【8】津田の表記を尊重して、あえて「中国」に直すことをせず、彼の記述の紹介においては「支那」と表記する。

【9】津田自身、『文学に現はれたる我が国民思想の研究』第一巻「貴族文学の時代」では、道真にはわずか二箇所で（歌人としてではなく）漢詩人としてごく簡単に言及するにとどまり、その評価も高くない。ボストン図書館の外壁に名を刻まれた二人の日本人文学者のうちの一人（もう一人は頼山陽で、彼も漢詩・漢文の名手であった）として、当時、道真が内外で高い評価を受けていたことを思うと、津田のこの扱いは興味深いものがある。漢詩文全般に対する彼の酷評の一環であることは間違いない。

【10】もちろん、五山文学の価値否定一色だったわけではない。折口信夫が平泉の『中世に於ける精神生活』刊行と同年（一九二六年）に行った講義筆記「室町時代の文学」（折口信夫全集第二十三巻、中央公論社、一九九七年所収）は、室町時代の文化に占める五山文学の位置を高く評価し、「五山文学全集の刊行が企てられて、僅かに詩文の部四巻だけで止んだのは惜しい」（一九五頁）としている。玉村竹二はこの思いを実現して『五山文学新集』を編んだのであった。津田・平泉・折口、それに和辻哲郎といった大正時代の人たちの（中国と比較して異質なものとしての）日本文化論を全体的に比較検討することは、今後の課題としたい。

【11】飛田範夫『庭園の中世史──足利義政と東山山荘』（吉川弘文館、二〇〇六年）。

【12】『夢中問答集』には川瀬一馬による現代語訳があり、現在は講談社学術文庫に収録されている。また、その執筆意図や思想的特徴については、西山美香『武家政権と禅宗──夢窓疎石を中心に』（笠間書院、二〇〇四年）で詳細な分析がなされている。

【13】玉懸博之「夢窓疎石と初期室町政権」（『日本中世思想史研究』、ぺりかん社、一九九八年所収）。夢窓については他に玉村竹二『夢窓国師──中世禅林主流の系譜』（平楽寺書店、一九九四年、初出は一九五八年）、佐々木容道『夢窓国師──その漢詩と生涯』（春秋社、二〇〇九年）などがある。

[14] 西山前掲書では、「「王」である直義から、女性を含む庶民まですべてに通用し、共有することができるテクストであるという宣言、すなわち国家宗教としての禅宗の正典たらんとする宣言」（一九三頁）であり、「その行為は、日本の禅宗が外来の宗教である禅の単純な輸入から脱皮し、日本禅宗として自立させるための一つの作業であった」（二四八頁）とされている。

[15] 西山前掲書、二七〇頁。

[16] 西山前掲書は序論において、『夢中問答集』と天龍寺創建を夢窓思想の具現化として併記し、「天龍寺創建は、思想・社会・政治・経済・文芸・美術・芸能・建築・庭園などに重要な変革を及ぼした」（六頁）と評価する。

[17] 安国寺利生塔に関する論攷を含む先行研究としては、辻善之助『日本仏教史』第四巻（岩波書店、一九四九年）、今枝愛真『中世禅宗史の研究』（東京大学出版会、一九七〇年）、玉懸前掲書、松尾剛次『日本中世の禅と律』（吉川弘文館、二〇〇三年）などがある。

[18] 「中国の宗教界について深い理解をもっていた直義にとっては、天平期の国分寺などよりも、むしろ中国の先例の方に引かれるものがあったのではなかろうか」（今枝前掲書、一三三～一三四頁）。

[19] 松尾は、今枝説は根拠薄弱として斥ける。管見の範囲では、今枝説を実証的に発展させた論攷はない。また、利生塔については、西山美香が前掲書において、尊氏が源頼朝を強く意識していた他の諸例をあげて、彼に倣ったものだろうと解釈している。

[20] 報恩光孝禅寺は実際には既存の寺院を改称するという形態で設置されたらしい。その点でも（新規建築の国分寺とは異なり）安国寺と類似する。ただし、その改称年次は、史料に異なる記載がされている。たとえば、のちに五山に認定される杭州の報恩光孝禅寺について、『咸淳臨安志』巻七十八はこの名称への変更を紹興十九年（一一四九）のこととする。

[21] 徽宗は一時期、寺院を道教と同じく「宮観」、僧侶の名称を道士に倣って「徳士」、尼僧を「女徳」と改めさせ、釈迦のことも「大覚金仙」と道教風に称させている。

[22] 拙著『中国思想と宗教の奔流――宋朝』（講談社、二〇〇五年）の三五六～三六〇頁を参照されたい。

[23] 前掲『宝慶四明志』や『咸淳臨安志』において、当該寺院（径山興聖万寿禅寺・北山景徳霊隠禅寺・太白山天童景徳禅寺・南山浄慈報恩光孝禅寺・阿育王山広利禅寺）の記事に、五山寺院に認定された旨の記載はない。そもそも、中国五山の格付けがわかるのも日本で編まれた『扶桑五山記』のおかげであって、中国側の史料では仏教教団内部のものや宋濂の文集によって断片的にそれとわかるにすぎず、そのことを指摘する西尾賢隆によれば、「径山以外は、五山の順位について知ることができない」（『中国近世における国家と禅宗』、思文閣出版、二〇〇六年、二四一頁）。

[24] 教とは経典教学のことで、日本でいえば天台宗系のものであった。律は戒律であり、日本では律宗にあたる。俊芿は南宋の律院

で研鑽を積み、帰国したのち泉涌寺を拠点に律宗を再興した。なお、前掲の西尾『中国近世における国家と禅宗』には、元代についてではあるが、教院については「どの寺院が五山十刹であるか定かでない」（二四一頁）とあり、そこに付けられた注に「律院の五山十刹については、その存在を見いだせない」（二五四頁）とある。『宝慶四明志』等においては、寺院紹介にあたってその分類として禅・教・律を用いており、この三区分が制度的なものであったことを示唆している。

初出は『中国―社会と文化』二十四号（中国社会文化学会、二〇〇九年）。二〇〇八年夏に同志社大学で開催した五山文化についての研究集会での報告内容を元にしている。

夢窓疎石私論——怨親差別を超えて

夢窓有庭之癖

『槐記《かいき》』【1】享保十年（一七二五）五月十八日条に次のような一文が見える。

光広ノ異見ニテ、ヒラニ歌ヨムコトヲヤメラレヨ、禅ノイラヌコトナリト云遣ハサレシ返事ノ奥ニ、『夢窓有庭之癖、雪舟有画之癖（夢窓に庭の癖あり、雪舟に画の癖あり）』ト書テ、ソノ奥ニ、「世ノ中ノ人ニハ、癖ノアルモノヲ、我ニモユルセ、敷島ノ道」ト云ヤラレシト云ヘリ。コレヨリ光広モユルシテ指南セラレシトナリ。

「光広」は烏丸光広《からすまみつひろ》（一五七九〜一六三八）、二条派の公家歌人として知られる。ここで光広とやり取りしているのは、かの沢庵宗彭《たくあんそうほう》（一五七三〜一六四五）[2]。光広が「御坊は禅の道を窮めるべきで、歌道は修行の妨げになろう」と諭したのに対し、沢庵が「人にはそれぞれ癖がある。自分の場合は敷島の道（和歌のこと）だ」と切り返したという話柄である。十八世紀前半に『槐記』が記録される百年ほど前のことだから、真贋のほどは定かではない。ただ、ここで沢庵が雪舟と夢窓を例に挙げて自己弁護をしているさまは、十八世紀前半に、「癖」のある禅僧として、庭＝夢窓、画＝雪舟、歌＝沢庵の三人が並称されていたことを示している。

雪舟等楊《せっしゅうとうよう》（一四二〇〜一五〇六？）は言わずと知れた、室町画壇を代表する名手である。もう一人の夢窓疎石（一二七五〜一三五一）は、一般的な知名度の点であとの二人にやや遜色があるかもしれぬが、「七朝帝師」と称される高僧だった[3]。逸話中の沢庵が「雪舟や夢窓もそうだったのだから、自分に癖があるのも当然」と主張するのは、この記録を伝えた人たちにとって「さもありなん」と思われることだったのであろう。なお、ここで言われる「癖」とは、ある物事を愛好する趣味の人という方向での意味である。

ただし、沢庵があとの二人と異なる点がある。和歌は日本独自の「敷島の道」であるが、雪舟は水墨画、夢窓は禅庭の名手なのであって、いずれも中国禅林における趣向を学んで日本において開花させたものだった。すなわち、文化交流の賜物である。

夢窓が構想した庭として最も著名なのは京都の天龍寺である。この寺は彼自身が開山で、開基は足利尊氏（一三〇五〜一三五八）。後醍醐帝（一二八八〜一三三九）の菩提を弔うことを目的として創建された。この他にも、鎌倉の瑞泉寺や京都の西芳寺（「苔寺」として知られる）の庭園も彼の作品である。前掲逸話中の沢庵和尚にとって、夢窓は作庭で著名な先達だったわけだ。

夢窓は雪舟とは異なり、中国の地を踏んだ経験を持たない。したがって、彼の作庭構想は中国禅林を実地に見聞した経験に基づくものではなく、彼が日本において学んだ禅林庭園のあるべき姿を追求したものである。しかし、それでもなお、それは十三世紀に始動していた「五山文化」【4】の潮流に属すものであり、彼の後代たちにとっては、規範性を持つ「あるべき禅の庭」となっていた【5】。

かつて言われていたような、「平安時代中期の国風文化成立以降、日本独自の文化が列島内部で醸成されていく」という言説に対する見直しが諸方面で進み、いわゆる中世においても中国大陸・朝鮮半島との交流が絶えず刺激を与え続けていたとする見解が、近年定着しつつある【6】。本稿では、夢窓を例に、文化媒介者としての禅僧の役割を論じる。以下で指摘する史実の多くは専門家たちによる研究成果に依拠した内容であるが、筆者なりの観点からそれらを整理し、これらの史実が意味する文化受容の性格について述べてみたい。

禅・教・律

南宋の仏教は、禅・教・律の三区分がなされていた。これは、戒・定《じょう》・慧《え》の三学それぞれに対応する（戒は律、定は禅、慧は教）ものである［7］。そして、この三区分それぞれに、名刹五つずつを選んで「五山」としていた［8］。

紹定六年（一二三三）から死去する淳祐十一年（一二五一）まで十八年間にわたって宰相を務めた鄭清之（一一七六～一二五一）という人物がいる。慶元府（現在の寧波）の出身で、二十五年間宰相の職にあった同郷の史弥遠（一一六四～一二三三）が引退・死去するのと入れ替わりに、その後継者として南宋政府の首班を務めた。彼が著した「勧修浄土文」には、「浄土之一門」を修めれば「禅教律」によることなく戒定慧が得られるので、こちらのほうが勝るという記述がある［9］。これは、当時「禅教律」観が通念として存在していたこと、そして儒教士大夫たる彼が支持しているように、このころに浄土専修という考え方が興隆していたことを示している。

彼がこう主張していることは、はなはだ興味深い。というのは、彼の前任者であった史弥遠こそ、五山制度を創設した人物だとみなされているからだ。しかも、両名は同じく寧波人である。史弥遠の父史浩（一一〇六～一一九四）は、やはり宰相にまで登り詰めた人物で、現在、京都大徳寺に蔵される五百羅漢図にその姿が描かれている（井手誠之輔の説）［10］。

大徳寺本五百羅漢図は寧波の恵安院の僧侶が淳熙五年（一一七八）から十年がかりで地元寧波や近隣地域に居住する人たちに寄付を募って制作したもので、施入者たちは祖先の菩提を弔い一族の繁栄を願ってそれに応じた。恵安院は寧波東郊にある東銭湖畔の青山（陽堂山）の湖側の麓に位置し、もともと十六羅漢が現れる場所とされていた。この五百羅漢図には水陸会と呼ばれる法会との関係を窺わせる図幅が多く、史浩と思われる人物も水陸会の創始者である南朝時代の宝誌和尚（四一八〜五一四）と対面する形で描かれている。

史浩の子である史弥遠が、どういう経緯から五山制度を創設するに至ったかについては、史料の欠如により明らかにしがたい【11】。ただ、はっきり言えることは、儒教の士大夫官僚である史氏一族も仏教保護者の面を持っていたということである。

宝慶三年（一二二七）、寧波の地方志が編まれる。寧波の雅名「四明」をもって名付けられ、他の時期のものと区別するため年号を用いて通常『宝慶四明志』と称されている。当時、史弥遠は朝廷で宰相職を務めていたし、ちょうど永平道元（一二〇〇〜一二五三）の寧波遊学中であった。

『宝慶四明志』は全二十一巻のうち、前半十一巻が慶元府自体に関わる事項、巻十二以下が管下六県を順次個別に扱う。巻十一は「叙祠」として府城（＝鄞県城）の城壁内および近郊の宗教施設が紹介され、神廟（編纂者たちが儒教の範疇に入るとみなしたもの）・宮観（道教）・寺院（仏教）の三つの節が立つ。その「寺院」の下位区分は、禅院三・教院四・十方律院六・甲乙律院六・廃院六・尼院五である（漢数字はその区分に属する寺院の数）。慶元府城がある鄞県の寺院は巻十三に挙がっており、禅院二十二（一番目が阿育王山広利寺、二番目が天童山景徳寺）・教院二十四・十方律院八・甲乙律院三十六（上述の恵安院はその十四番目に見える）となっている。他の三県についても同様である。

鄞県恵安院の記述は以下のようなものである。

恵安院、県東四十里。晋天福三年建。皇朝大中祥符三年賜額。常住田三百九十八畝、山一千七百畝。

位置・創建年代・賜額年代・所有不動産面積というこの記載は、すべての寺院について共通する書式である。これによれば、恵安院は五代後晋の天福三年（九三八）の創建である。当時、この地域は呉越国の領域にあったが、呉越は王として晋の皇帝に朝貢してその正朔を奉じていた。

いくつかの寺院については、その歴史がより詳しく語られており、たとえば鄞県禅院に分類されている天童山景徳寺の記述中には「日本国僧栄西」が訪れたことも見える。ただ、景徳寺は全国的な禅五山であったはずなのに、そのことの記載はない。理由はわからない。『宝慶四明志』編纂者がその必要を感じなかった、もしくは認めなかったと言うしかない[12]。

なお、鄞県禅院の最後の二つ、教忠報国寺には「史丞相府功徳寺」、妙智院には「史丞相府功徳院」、教院の最後に置かれた法華寺には「史丞相府功徳寺」、十方律院のこれも最後に見える悟空院にも「史丞相府功徳院」と、いずれも史弥遠が（おそらく父の代以来の）檀越であることを記載している。

『宝慶四明志』以外の現存する宋の地方志は、このように禅教律三区分をしたうえで寺院を列記する方式を採っていない。だが、たとえば『咸淳臨安志』巻八十に、上天竺寺（教院五山第一であったが、そのことはここでも記載されない）の記事の中で、ある住持が「請於朝以教易禅（朝廷に請願して禅院から教院に変えてもらった）」とあり、この三区分が朝廷の認可を要する制度的なものだったことを窺わせる。

このように、十三世紀の中国では仏教寺院を禅院・教院・律院に区分して統轄することが行われていた。上述の宰相鄭清之は、立場上、この制度の維持を職務としていたはずである。上述の史料が示す「浄土之一門」への彼の共感は、その隠された本心を吐露したものなのだろうか。それとも、「浄土之一門」関係者から懇願されて心にもなく、したためた一文だったのであろうか。いずれにせよ、「禅教律」体制とでも呼ぶべき仕組みが、南宋では布かれていた。それが実態としてどのように機能していたのか、三区分による統制の仕組み等は「史料の欠如」により定かではない。

蘭渓道隆（一二一三～一二七八）・無学祖元（一二二六～一二八六）といえば、どちらも十三世紀なかばに来日し、日本の禅風を変えた僧侶として知られている。「渡来僧の世紀」の始まりであった[13]。それによって、葉上栄西（一一四一～一二一五）以来の「兼修禅」（天台教学と密教と禅をともに修行する）が純化され、「純粋禅」（禅のみを専修する）の受容が始まったとされてきた[14]。禅の純化というこの捉え方は問題があるけれども、本場中国の五山僧が来日したことは、この時期の日本仏教界に大きな衝撃を与えた。その伽藍構成がそれこそ純粋な宋風だったうえ、寺内を中国人職員が行き交い、中国語が使われていたからである[15]。なお、例の大徳寺本五百羅漢図も、蘭渓が日本に持ってきたとする説がある[16]。

しかし、蘭渓らは後世の所謂「純粋禅」を鼓吹していたわけではない。彼もまた（中国人である以上、むしろ当然ともいえるが）「禅教律」観を持ち、これに念仏を加えて、禅を内心、律を外相、教を言語、念仏を名号として併記している（「大覚禅師坐禅論」）[17]。

夢窓は建長寺で渡来僧の一山一寧（一二四七〜一三一七）に、つづいて万寿寺で高峰顕日（一二四一〜一三一六、無学祖元の弟子）に学んでおり、「渡来僧の世紀」の恩恵を充分に受けていた。系譜的には所謂「純粋禅」の側に属するけれども、その行実が狭義の禅にとどまらないことは「庭癖」を想起するまでもなかろう。彼の『夢中問答集』にも禅教律三区分に言及する話柄がいくつか見える。その中の一節。

仏在世ノ時ハ禅教律ノ僧トテ形服ニカハレルコトハナカリキ。其形ハ皆律儀ヲトトノヘ、其心ハ同シク定慧ヲ修ス。末代ニナリテ兼学ノ人ハアリカタキ故ニ、其ノ家三種ニワカレタル事ハ、其謂レナキニアラス。各々一学ヲ本トシテ、タカヒニソシリアヘルハ謬マリナリ[18]。

夢窓の歴史認識によれば、往時は三学の区別など存在しなかった。「末代」（末法の世か）に人間側の資質も衰えて兼学できなくなったため、三区分が生じた。この現状を彼は「謂レナキニアラス」と評している。問題は、こうした経緯で分立した三学が相互に誹りあう現状のほうにある。

各自が自分の修める学を大事にするとともに、他の学に対しても敬意を払うことを求めているのだ。このままでは「我カ仏法ヲ破滅スヘシ」とまで彼は言っている。

すなわち、彼が理想とする三学兼修は、すでに過ぎ去った過去の光景だった。いま自分たちにできることは、いずれかの学を修め、その教義に従って仏法を実践していくことのみである。それは、したがって、単に三学を共存させるというだけではなく、むしろ協力体制を構築して仏法を護持していく途だったのではなかろうか。換言すれば、三学兼修が一個人のうちで実現されることを諦め、宗派間の協力関係の下で達成すべき課題として捉え直されたということである。

彼が政治権力者足利兄弟の帰依を受けながら、仏教界における禅宗一尊の奪権を企てることがなかったのも、こうした「禅教律」観によるものであろう。しかし、禅宗の興隆を快く思わない旧仏教側は、天龍寺の称号問題などで夢窓に対抗意識を示していた[19]。先に引用した『夢中問答集』の記述は、あるいはこうした経緯を受けて言われたことなのかもしれない。喧嘩を売ってくる「教」の総本山延暦寺に対して、夢窓は平和主義で対抗しようとしていたのではなかろうか。

夢窓の生涯

ここで、夢窓の生涯を紹介しておこう。

夢窓は伊勢源氏の一族、佐々木朝綱（生卒年不詳）の子である。四歳のときに父の甲斐移住に従ったが、まもなく母と死別する。書物に親しむ性癖であったとされ、そのためであろう、父は彼を出家させようとする。当時、武士が学業を修めることができるのは仏寺だけであったから、息子を出家させるのは現在に例えれば大学に入れるようなものであった。甲斐にある天台宗の名刹白雲山平塩寺で得度し、仏典のみならず、儒家・道家の思想にまでわたって勉学に励んだ。これも、当時学問といえば漢籍の講読・解釈であったから、至極当然である。十八歳のとき、東大寺の戒壇院で受戒、その後思うところあって禅に帰依する。紀伊・京を経て鎌倉にたどり着き、やがて一山一寧、ついで高峰顕日と出会う。その後も各地を遍歴したが、そのうち、土佐の五台山竹林寺に吸江庵という庵を結んだことが、のちに義堂周信（一三二五〜一三八八）・絶海中津（一三三四〜一四〇五）という五山文学の双璧を弟子に持つことになる地縁を作った。

夢窓はこのように隠遁を志向していた。北条高時（一三〇三〜一三三三）の母で幕府の実権も握る覚海尼（?〜一三四五）の帰依を受けても鎌倉には居着かず、相模横須賀に泊船庵を建てて住んだ。なお、鎌倉幕府が滅亡して北条一門の男子が全滅すると、覚海尼は女性たちを引き連れて伊豆韮山に移住し円成寺を建立した。足利直義（一三〇六〜一三五二）がこの寺に土地を寄進した際、その仲介をしたのが夢窓だったという。

正中二年（一三二五）、今度は後醍醐帝に召し出されて京の南禅寺住持を命ぜられる。しかし、これも長くは務めず、伊勢や紀伊那智を訪ねたりしたのち、北条高時に命ぜられて鎌倉浄智寺にはいり、瑞泉寺を建立、庭を造営する。円覚寺を経て故郷甲斐に恵林寺を創建し、ここでも庭癖ぶりを発揮している。正慶二年（一三三三年、後醍醐帝が隠岐から還御して元弘三年と改められる）の政変のあと、後醍醐帝に請われてふたたび上洛、臨川寺を創建する。それまでの遊歴の半生とは対照的に、これ以降、彼は京にどっしりと居を構えて禅宗の重鎮となった。従来から名乗っていた「夢窓」を後醍醐帝から国師号として賜ったのもこの時である。

後醍醐帝と足利尊氏が反目して南北両朝が分裂する事態となっても京を動かずに北朝政権に与し、貞和二年（一三四六）に光明帝（一三二二〜一三八〇）から「正覚」、観応二年（一三五一）に光厳院（一三一三〜一三六四）から「心宗」の国師号を得た。暦応五年（一三四二）四月には、光厳院が足利兄弟以下を引き連れて西芳寺に行啓し、夢窓から受衣されて師弟の礼をとっている。従来、後醍醐帝の陰に隠れて印象が薄いけれども、この時期の光厳院の存在はもっと重視されてしかるべきであろう[20]。

天龍寺創建にあたっては、彼が足利兄弟に後醍醐帝の怨念を鎮めることを勧めたとする説が『太平記』などによって流布している[21]。これに対して、彼は当初、勅願寺は天台か真言であるべきだとしてこれを固辞しており、結局不本意ながら開山になったにすぎないとする解釈もある[22]。

天龍寺の敷地は元亀山院の離宮で、亀山殿と呼ばれていた[23]。後醍醐帝が吉野で崩御したとの報が京に伝わると、その七七忌にあたる暦応二年（一三三九）十月五日付で「夢窓国師方丈」宛に院宣を下し、亀山殿で「先院の証果を祈り奉るべし」と命じたのは、光厳院であった[24]。後醍醐帝のライバルは、通説的に言われている足利尊氏ではない。身分上、両者の質が異なりすぎるからである。当時の認識としては、それは持明院統の惣領たる光厳院であったはずで、大覚寺統の惣領たる後醍醐帝の怨念を鎮める必要を最も痛切に感じていたのも彼だった。天龍寺創建は光厳院が主体的に夢窓に働きかけたと解すべきであろう。

暦応五年（一三四二）三月には白河法勝寺に火災が生じて院政期の象徴的建造物たる八角九重塔が焼亡していたから、東山のこの旧式大伽藍に代わって、その直後に嵯峨嵐山に新式の大伽藍が登場したことは、「国王の氏寺」（法勝寺のあだ名）の交代を都人に印象づけたと想像される。

こうして帝王の師、武家政権の智嚢《ちのう》として、夢窓の晩年は彼の本意と違い、政僧として活躍するものとなった。『夢中問答集』は足利兄弟からの質問に対する回答という形式を採っている。多くは仏教に関する内容だが、政治向きのものも含まれている。幕府の政治は直義が取り仕切っていたから、この書物に記録されていない諮問も少なくなかったろう。

そうした中、兄弟の政治方針の相違から観応の擾乱が生じ、はじめは直義が、つづいて尊氏が、南朝に帰順を図って相手方を牽制する事態になった。夢窓は兄弟の和解をめざして尽力し、紆余曲折ののち、観応二年（一三五一）九月には和睦が図られ、十月二日には兄弟の直接対話が実現する。しかし、実を結ばず、ついには翌年二月、鎌倉で尊氏に捕えられていた直義が死去する。（尊氏による毒殺ともいわれる。）その後、直義党の足利直冬《あしかがただふゆ》（一三二七～？）らが抵抗を続けることで、幕府勢力は完全に二分してしまった。その中で尊氏の嫡子義詮《よしあきら》（一三三〇～一三六七）が南朝に帰順し、京に進軍してきた南朝方によって崇光帝（一三三四〜一三九八）は廃位された（正平の一統）。翌正平七年（一三五二）、義詮が再び南朝方と対立すると、光厳院・光明院・崇光院と皇太子を廃されたばかりの直仁親王（一三三五〜一三九八）〔25〕が揃って拉致されるという事件が生じる。義詮は北朝を再建するために、崇光院の弟の後光厳帝（一三三八〜一三七四）を異例の手続きで践祚《せんそ》させ、文和という年号を立てる。

夢窓が遷化したのは、この観応の擾乱のさなか、足利兄弟が和睦を図って近江興福寺で対面する前々日、観応二年（一三五一）九月三十日のことであった〔26〕。

安国寺利生塔

夢窓の師（高峰顕日）の師である無学祖元は、円覚寺の開山であった。円覚寺は弘安五年（一二八二）、北条時宗《ときむね》（一二五一〜一二八四）を開基として、二度にわたる蒙古襲来の戦没者供養を目的に創建されている。その際、敵（蒙古）・味方（日本）を問わずにその霊を慰めた。所謂「怨親平等」の精神であり、夢窓は一山一寧に師事して円覚寺にいたから、その経緯は当然知っていたはずである。

康永元年（一三四二）、京の法観寺が再建されると、勅命により夢窓が導師となって八坂塔供養が行われた。その時の夢窓の説法には、日本国内に新しく「六十六箇之浮図」を作るにあたり、まず都にあるこの塔から起こす旨が述べられている[27]。「六十六箇之浮図」とは、六十六箇国すべてに宝塔(舎利塔)を建てて供養するという、利生塔の計画を指しているとされる[28]。

貞和元年(一三四五)、前年の幕府側の奉願を受けて、日本全国に設けられるこのための施設を、寺は安国寺、塔は利生塔と名付けるようにとの光厳院の院宣が下った。寺院のほうは必ずしも新設ではなく、既存のものをその名称で呼ぶことにしたものが多い[29]。一方、塔の多くはこの時に新造もしくは修造することが計画されたらしく、八坂塔の復興はその象徴であった。

安国寺利生塔設置計画のモデルについては、「安国寺は古代の国分寺とする説、中国の北宋末の徽宗による天寧禅寺や南宋の高宗による報恩光孝禅寺とする説、利生塔はインドの阿育王による八万四千塔とする説、隋の文帝による舎利塔とする説などが乱立」している[30]。愚見では、これらは相対立するわけではなく、日本の国分寺はそもそも隋の州県官寺や周(則天武后の国号)の大雲経寺、唐玄宗の開元寺をモデルとしていたわけで、宋の徽宗や高宗の政策もまたこれらに倣っているのだし、隋の舎利塔は阿育王塔を模倣したのだから、どちらもつながっている。特にいずれか一つということではなく、これら中国の故事全体をふまえて仏法王法相依の観点からこの計画が案出されたのではなかろうか。夢窓らが安国寺利生塔に籠めた、元弘以来の兵乱で戦没した者たちへの供養は、敵味方を問うことなく及ぶべきものであった。

興味を惹くのは、その形態よりもむしろ時期である。上記の先例はどれも天下泰平を寿ぐ趣旨であった。ところが、安国寺利生塔計画は、王権が南北両朝に分裂して内戦状態にある中で立案されている。形式上、治天たる光厳院の院宣による施策となっているものの、六十六箇国の中には南朝方の勢力が強い地域も少なくなかった。命令が出たからといってただちにその実現を期しがたい状況だったのである［31］。実際、この制度は全面的に実施されることなく、自然消滅していく。

では、安国寺利生塔計画と五山制度とはどのような関係にあったのだろうか。日本の禅五山制度が足利義満（一三五八〜一四〇八）によって整理・確定される以前の詳細はよくわからない。鎌倉時代末期に建長寺・円覚寺・寿福寺・浄智寺が五山とされたのに始まり、後醍醐帝が京の南禅寺・大徳寺・建仁寺・東福寺を加えた。光厳院は暦応四年（一三四一）に院宣を下し、足利尊氏に五山の格付けを行う権限を与えている。尊氏は当時造営中だった天龍寺を加え、南朝方に近い大徳寺を外している。その結果、第一位が南禅寺・建長寺、第二位が円覚寺・天龍寺、第三位が寿福寺、第四位が建仁寺、第五位が東福寺で、浄智寺は准五山となった。

すでに後醍醐帝によってその原型が定められていたとはいえ、尊氏によるこの編成替えがなされたのは安国寺利生塔設置計画の数年前である。両者は別個のものであるとはいえ、ともに禅院を通じての国家宗教政策である。尊氏あるいは夢窓の意向として、両者がどのように使い分けられていたのかは気になるところである。この点について確たる答案は用意できていないのだが、模範とされた宋制の沿革を見ておこう。

上述のように、宋では唐制を模して、府州に同名の官寺を設ける施策を繰り返した。その最初が太宗（九三九〜九九七、在位九七六〜九九七）の太平興国寺である。前掲『宝慶四明志』巻十一にも、十方律院の三番目として見える。ちなみに、その前に置かれた二番目の律院は開元寺である。その後、徽宗（一〇八二〜一一三五、在位一一〇〇〜一一二五）は天寧禅寺、その子である南宋初代の高宗（一一〇七〜一一八七、在位一一二七〜一一六二）は半減した統治領域内に報恩光孝禅寺を設けた。寧波（当時の名称ではまだ明州）では、『宝慶四明志』巻十一によると、唐代に創建された国寧寺という寺院が徽宗の時に天寧寺となり、高宗の時に報恩光孝寺と改称され、宝慶三年（一二二七）の時点でもその名を用いて記載されている。区分は禅院であり、十方律院とされた開元寺とは異なっている。

高宗の報恩光孝禅寺設置以後、南宋でこの形態の施策はなされず、代わって五山制度が始まった【32】。五山とその下の寺格を持つ十刹を定め、それらの寺院を通じて禅教律全体を統括するのがその趣旨であり、こうすることで仏教教団に擬似的な自律性を賦与し、より効果的な統制を図るものだったと考えられる。

日本で、安国寺利生塔計画が不徹底に終わるのと対照的に、五山制度はこの後も充実していき、義満の時には五山十刹の下に各国一寺の諸山（甲刹）が置かれることで、全国の禅院を統轄する仕組みになっていく。その完成は夢窓の入寂後ではあるが、尊氏・直義の時代に夢窓が五山制度の整備に参与していたと想定して間違いなかろう。

夢窓の語録の中で、再晩年の「再住天龍寺資聖禅寺語録」には、観応の擾乱を意識したような文言が多い。

世間興亡治乱　不擾此封疆　謂之大解脱門　亦号正法眼蔵（世俗の社会における興亡・治乱は、この神聖な境域をみだすことはない。これを大解脱門といい、また正法眼蔵と称する）

あるいは、

須知海嶽帰明主、莫謂干戈致太平（国土は明君に帰するとわかれば、戦争が太平をもたらすなどというべきではない）

などである。

中でも、光厳院に向けて語りかけられた一条は、まさしく怨親平等を説いている。後醍醐帝の有為転変とその崩御後も止まぬ戦乱について述べたのち、次のように言う。

恭願上皇　頓転塵機　不拘妄宰　速翻業識　証得霊知　超越怨親差別之昏衢　優游迷悟一如之霊域　無忘鷲嶺付嘱（上皇陛下に願いたてまつるに、心をけがす塵を転じ迷いの気持ちに囚われることなく、すみやかに自身の運命や精神を変じて妙なる悟りを獲得なさい。そして、怨みと親しみの感

情を区別する暗闇を乗り越え、迷いと悟りが一体となった神聖な境地に達して、故事にいう鷲嶺の付嘱を忘れてはいけません）

時に観応二年（一三五一）八月十六日、中秋節の翌日である。夢窓の入寂まで残すところ四十余日、いわば彼の遺言であった。

東山の法観寺八坂塔と嵯峨嵐山の天龍寺は、都の東西に配置されて王城を守護する意味合いがあったとも言われている［33］。両者の場所選定は夢窓が自主的に行ったものではないけれども、夢窓がそのように意味付けすることで、新しい王城鎮守を構想したと解釈することは可能だろう。彼の最後の日々は、皇統の分裂と足利兄弟の内訌によって、つかの間の平安が脅かされつつあった。百年後に勃発した応仁文明の大乱は、この都市を焦土と化している。

だが、それでも京の都は王城の地として続き、天龍寺や西芳寺の庭園はいまも日本伝統文化の象徴として、往時の姿を遺している。「庭癖」の人、夢窓は、禅院内部のみならず、王城のしつらえをも構想したと言えようか。

余滴——宋濂による伝記

宋濂《そうれん》（一三一〇〜一三八一）といえば、朱元璋《しゅげんしょう》（一三二八〜一三九八）を輔《たす》けて彼を明の初代皇帝（太祖洪武帝）に押し上げた功労者の一人として知られている。その彼に「日本夢窓正宗普済国師碑銘」と題する文章がある［34］。洪武八年（一三七五）、日本からの朝貢使節が絶海中津からの請願として、夢窓の「白塔」に刻む銘文を求めてきた。そこで太祖が宋濂に命じて書かせたものだと、その冒頭に経緯を記している。絶海は明に留学中で、日本から来た使節に頼みこんだのである。宋濂はもちろん夢窓と面識はないし、その名もこの時はじめて知ったであろう。ただ、この手の依頼は著名な士大夫にはよくあることだし、当時は翰林学士として皇帝の下命で、あるいはそのいわば右筆として、多くの文章執筆をこなしていた。義堂周信が書いていた夢窓の行状を資料として、彼はただちに三千字を超す文章を書き上げる。

絶海と直接会っていれば、彼から夢窓の逸話等いろいろと聞き取りもできたであろうが、どうやら宋濂はそうはしていないらしく、淡々とその生涯が綴られる。注意を惹くのは、天皇を「天王」と表記しているのと日本の年号を使っていることで、前者は中華名分秩序にかなう表記であり、後者はそれから外れる措置である。後者については、日本年代表記が元王朝の年号で何の何年に当たるのかを調べるすべがなかった、もしくは面倒だったたからだろうか。

宋濂は名文家として高い評価を得ており、死後も彼の遺した文章は士人たちから手本とされた。したがって、夢窓の生涯を綴ったこの文章も、多くの読者を得ていたと推察できる。中国の士人たちは夢窓のことを知っていたのだ。

生前は海を渡ることのなかった夢窓は、死後、こうして大陸に名を遺したのであった。

注

【1】『槐記』は山科道安（一六七七〜一七四六）が近衛家熙（一六六七〜一七三六）の言動を書き留めたもので、享保九年（一七二四）から同二十年（一七三五）までの日付で記録されている。

【2】沢庵の入寂は正保二年十二月十一日、グレゴリオ暦に直すとすでに年が明けて一六四六年になっている。このため、最近はこの西暦表示を用いることが多いように見受けられるが、筆者は生卒表記では東アジアの年号と西暦を一対一に対応させることで数え年の何歳で没したかが一目瞭然であるようにすべきだと考えているため、あえて一六四五年と表記する。本書では既出の人物も含めてすべての登場人物についてこの方式をとっている。

【3】夢窓の伝記研究は後掲するものなどいくつかあるが、まずは五山文学研究の第一人者であった玉村竹二『夢窓国師——中世禅林主流の系譜』（平楽寺書店、一九五八年）を挙げておく。この副題にある通り、彼は当時の禅宗界における主流派だった。

【4】「五山文化」という語を、本稿では日本で十三世紀後半から始まった宋風禅林文化全体を指して用いる。島尾新編『東アジア海域に漕ぎだす4 東アジアのなかの五山文化』（東京大学出版会、二〇一四年）を参照されたい。五山とは、本文で後述するように、もともと南宋で設けられた仏教寺院統制のための制度で、それが日本で模倣されたものである。日本には禅宗寺院にだけ五山があった。なお、「五山文化」という語は、たとえば荻須純道『夢窓大灯』（弘文堂、一九四四年）ですでに用いられている。従来、「五山文学」という、禅林で流行した漢詩文のみを指す語が使われてきたが、所謂「北山文化」と「東山文化」等を包摂する、文化全体を指す用語としての「五山文化」を流布させるのが、上掲書に籠めた私たちの願望である。

【5】島尾編前掲書に、夢窓が作庭した鎌倉瑞泉寺の景観が五山文化の典型例として紹介されている（二二一〜二二八頁、野村俊一執筆）。枡野俊明『夢窓疎石——日本庭園を極めた禅僧』（NHKブックス、二〇〇五年）は、夢窓の作庭技法を分析し、「時代を追って検証すると、国師の作庭上の好みや、時代とともに変化していく空間構成、石組、さらには水を用いた庭園から比喩的に山水を表した禅の枯山水が誕生する過程が見えてくる」（二五二頁）と結んでいる。三浦彩子「鎌倉の禅宗庭園」（村井章介編『東アジアのなかの建長寺』、勉誠出版、二〇一四年）も、瑞泉寺・天龍寺・西芳寺といった、夢窓が設計した庭園に論及する。

【6】二〇一五年一月に実施された大学入試センター試験「日本史B」の第一問においても、大学生の智史が高校生の愛美に教えるという架空対話の形式で、「中世にも人の往来は盛んだった」と述べられている。

【7】高雄義堅『宋代仏教史の研究』（百華苑、一九七五年）六六～六八頁、大塚紀弘『中世禅律仏教論』（山川出版社、二〇〇九年）四二～五〇頁。

【8】この制度は五山寺院に出入りをともないつつ、明初までは続いたらしいが、その後のことはよくわからない。いまも日本の旧五山寺院が門前にそのことを誇らしげに石に刻むのと異なり、寺格を示すものとしてはもはや機能していない。

【9】『大正新脩大蔵経』四十七巻に収める。上掲大塚書の四二頁にその内容が紹介されている。

【10】谷口耕生他『大徳寺伝来五百羅漢図　銘文調査報告書』（奈良国立博物館・東京文化財研究所、二〇一一年）は、同図にある文章を調査している。井手誠之輔は以前から同図の研究を行っており、前記報告書でも「大徳寺五百羅漢図の成立背景」と題する論文を執筆している。また、この調査に携わった近藤一成は「日本大徳寺伝来五百羅漢図銘文と南宋明州士人社会」（『早稲田大学大学院文学研究科紀要』第四分冊、二〇一二年）において、この図の施入事情を当時企てられていた東銭湖の水利事業と関連づけて捉えている。以下、本稿における同図に関する記述は、これらの先行研究に依拠している。

【11】臆見では、「史料の欠如」ではなく、のちに記録が抹殺されたのであろう。宋代には仏教が大きな力を維持していたのであるが、それに反発する儒教側（朱子学）が「宋は儒教復興の時代」という歴史像を描くために、さまざまな作為を行ったからである。特に、元代に編纂された『宋史』や、明代になって編まれた各種の書物（儒教史関連のものや地方志等）において、宋代仏教の姿は過小に描かれている。したがって、その裏面として、仏教史の展開を時系列に沿ってみた場合に唐代が最盛期であったとする歴史認識も再検討が必要だろうし、実際に近年はそうした試みが始まっている。

【12】教院五山の第四位だったはずの延慶寺についても、『宝慶四明志』巻十一の当該項で何もこれに触れない。

【13】「渡来僧の世紀」は村井章介が『東アジア往還――漢詩と外交』（朝日新聞社、一九九五年）で用いた表現で、十三世紀後半から十四世紀前半にかけて中国人僧侶が多く来日したことを意味している。

【14】こうした見方に対する批判としては、和田有希子「鎌倉中期の臨済禅――円爾と蘭渓のあいだ」（『宗教研究』七十七巻三号、二〇〇三年）などがある。末木文美士『日本仏教の可能性』（春秋社、二〇〇六年。二〇一一年に新潮文庫に収録）は、やや異なる文脈から、鈴木大拙や京都学派が美化した禅のありかたに「純粋禅」という発想の起源を求めている（文庫版一六〇頁）。末木も指摘するように、そもそも「純粋禅」という語彙は存在しなかった。栄西・円爾の教説を過小評価して蘭渓道隆来日によって臨済禅が革新されたと高唱することは、道元の只管打坐の教説を聖別することともあいまって、日本における五山文化の意義をゆがめてきた。「禅教律」観に対する研究の深化が望まれる。

【15】島尾新は、建長寺の建立を「鎌倉駅前にハーヴァード大学の分校が出現したとでも想像すればいいだろうか」と比喩している（島尾編『東アジア海域に漕ぎだす4 東アジアのなかの五山文化』東京大学出版会、二〇一四年、二三頁）。

【16】谷口耕生「木村徳応筆五百羅漢図――失われた大徳寺本六幅をめぐって」（前掲、銘文調査報告書）。谷口の整理によれば、同図は建長寺もしくは寿福寺が蔵していたが、やがて小田原北条氏の手に移り、その滅亡後、豊臣秀吉を通じて大徳寺に寄進されたという。夢窓は正安元年（一二九九）から嘉元元年（一三〇三）まで建長寺にいたので、この図を目睹したかもしれない。

【17】大塚前掲書、四七頁。大塚はつづけて「これは先に触れた円爾の『仮名法語』と全く同内容」と評している（四八頁）。なお、建長寺の公式ホームページには、「歴史・開山」の項に「純粋な禅宗をもとに大禅院がかまえられた」と述べられている（http://www.kenchoji.com/?page_id=60、二〇一七年九月閲覧）。当事者のこの見解を否定するつもりはないが、これはあくまで宗教的信条の表明であって、学術的・歴史的なものと言いがたい。栄西や円爾が不純だったわけではあるまい。

【18】夢窓疎石『夢中問答集』巻下。大塚紀弘は前掲書の中でこの記述を栄西門下や円爾の三学観と比較し、「三学兼学を理想としながらも、実践は困難であるとして、分立した「禅教律」の共存を主張するにとどまっている」と評する（四八頁）。同じく巻下には「教門ハ一念ノ無明起レル上ニカリニ衆生仏ノワカレタル処ニツイテシハラク心地ヲ談シ、仏性ノ論スコノ故ニ禅門ニ生仏イマタカワレサル所ヲ本分ノ田地ト申ニハ同シカラス」と述べる条もある。

【19】天龍寺は当初、暦応資聖禅寺と号される予定だったが、延暦寺から「暦応という年号を冠することを禅寺に対して許可すべきではない」との意見が出て、結局、足利直義が夢に金龍を見た（ことにした）のによって、天龍資聖禅寺と定められた。なお、これ以前に年号を冠する禅寺として、すでに建仁寺・建長寺があった。

【20】「ミネルヴァ日本評伝選」の一冊として、中世和歌史研究者の深津睦夫による『光厳天皇――をさまらぬ世のための身ぞうれはしき』（ミネルヴァ書房、二〇一四年）が刊行された。また、松本徹『風雅の帝　光厳』（鳥影社、二〇一〇年）はエッセイ風の仕立てになってはいるが、光厳院の内面に立ち入り、勅撰和歌集『風雅集』編纂事業に焦点を合わせてその生涯を描いている。後醍醐帝が政治史研究者によって脚光を浴びてきたのと対照的に、光厳院は文学史のほうで主として扱われる傾向にあるようだけれども、持明院統の惣領としての役割はもっと注意されてしかるべきではなかろうか。現皇室は持明院統の系譜なのであるし。

【21】天正本『太平記』巻二十四「天龍寺建立の事」。そこでは、「夢窓国師」が「左武衛」（足利直義）に向かって、「吉野先帝」（後醍醐帝）の「神霊御憤り深くして、国土に災ひを下し、禍をなされ候ふと存じ候ふ」から、「亀山の行宮」に伽藍を建立して「かの御菩提を吊ひ進らせられ候はば、天下などか静まらで候ふべき」と進言している（小学館日本古典文学全集五十六の『太平記三』、一九九七年、一六一

頁)。同書頭注によれば、神田本等の古態本では「或ル人」が「将軍」(足利尊氏)に進言したとしており、夢窓の名になっていない。

[22]『夢窓国師』(天龍寺開山夢窓国師六百年大遠諱事務局、一九五〇年)に載る、西田直二郎「夢窓国師と其の時代」および篠崎勝「夢窓国師」。ただ、この書が昭和の敗戦直後に他ならぬ天龍寺によって企画されたことを考慮せねばなるまい。「国師は先帝の怨霊を怖れる人々が考えている趣旨とは別に、先帝の菩提に資する真実一乗の道が何であるかを思念していた」(一二三頁)。「国師は後醍醐上皇を戦争の罪悪と不幸とを担う苦悩の象徴とみなしていたから、人類の苦悩と迷妄とを救うべき仏法の真理を、恒久平和と安国利生の精神的核心として挙揚することこそ、先帝の菩提に資する唯一の道であると確信していたのである」(一二六頁)。「まさにこれ永遠平和の願求にあった。これはまた六百年後の今日、我が日本国がみなひとしくもつ新たなる希求である」(四一頁)。

[23] 平安時代の檀林寺の跡地として、禅が日本ではじめて弘法された地という意味合いもあったとされる。

[24] 深津前掲書は「天龍寺重書目録」からこの院宣を引用する(一二五〜一二六頁)。

[25] 直仁は、花園院(一二九七〜一三四八、光厳院の叔父)と宣光門院(一二九七〜一三六〇)の間に生まれた皇子ということになっているが、二十世紀後半になってから公開された光厳院の置文が述べるところによると、彼が宣光門院と密通してできた子であり、光厳院の意向では、直仁が「継体」の君となり、以後その子孫が皇統を継ぐはずであった(深津前掲書、一三八〜一四〇頁)。もし観応の擾乱と正平の一統による賀名生拉致事件さえなければ、日本国の天皇は直仁の子孫だったかもしれない。

[26]『大日本史料』六編之十五、南朝正平六年・北朝観応二年九月三十日条は、「前天龍寺住持疎石寂ス」という項目を立て、以下一四四頁分にわたって夢窓関連の史料を列挙している(三三一〜四六六頁)。

[27]『夢窓国師語録』に載る「欽奉聖旨慶賛京城東山八坂宝塔」。

[28] 以下、利生塔の沿革については、主として西山美香『武家政権と禅宗——夢窓疎石を中心に』(笠間書院、二〇〇四年)に依拠する(十二〜四一頁)。西山は、辻善之助以来の利生塔研究をふまえたうえで、「天龍寺だけでなく、法観寺、すなわち利生塔もその役割を担っており、そこで頼りにされるのが怨霊調伏で有名だった浄蔵であった」から、「利生塔は、東寺の舎利を奉安することによって、禅と真言の協力・連携によって成立した制度であると考えられる」という見解を提示している(三三頁)。浄蔵(八九一〜九六四)は「北野天神絵巻」に怨霊調伏の名手として登場する僧侶で、延暦寺で学んだため通常は天台僧として扱われるが、西山は真言僧としている。

[29] たとえば、安国寺恵瓊(一五三九〜一六〇〇)で有名な安芸安国寺は平安時代の創建であった。現在は不動院という名称の真言宗別格本山となっている。

【30】西山前掲書、十三頁。

【31】西山は、「安国寺利生塔が、宗教的目的以外に、各国守護を掌握し、治安維持を計るなどの政治的・軍事的目的を担っていたことは、頼朝の東大寺供養や八万四千塔供養とその目的を同じくしていることがわかる」と論じている（前掲書、五七頁）。足利兄弟（特に直義）が、源頼朝（一一四七～一一九九）による鎌倉幕府創設の事情を武家政権正統化のため自分たちの先例として強く意識していたことは間違いなく、そうした見方も可能であろう。頼朝の場合も、所謂源平の抗争による戦死者たちの霊を敵味方あわせて供養・慰撫する意図があった。

【32】西山は、五山は十世紀の呉越国で始まったとする（「初期室町政権の宗教事業と呉越王」、『軍旗と語り物』四十三号、二〇〇七年）。五山の発想はそもそもインドの五精舎に由来するから、呉越国にそうした考えかたがあっても不思議ではない。しかし、その論拠は日本人僧侶の片言隻句にすぎないし、制度的に呉越国時代のものが南宋で継承されたわけではないので、にわかには従いがたい。

【33】「夢窓が安国寺利生塔という宗教的国家事業において、それぞれの中核寺院を、嵯峨の天龍寺・東山の法観寺八坂塔としたことは、単なる偶然ではなく、当時の宗教的空間のコンテクストを計算した結果と考えられる」（西山前掲書、四一頁）。

【34】『宋濂全集』（全四冊、浙江古籍出版社、一九九九年）に「翰苑別集巻第三」収録のものとして掲載（二〇一一～一〇一六頁）。

初出は『文化交流研究』二十八号（東京大学文学部次世代人文学開発センター、二〇一五年）。前章で紹介した夢窓疎石について、多角的に検討してみた論考である。

3　東アジアのなかの日本

日本古代史の見直し――東アジアの視点から

飛鳥から奈良へ

二〇一〇年（平成二十二）は平城京遷都千三百年の年でした。七一〇年（和銅三）に飛鳥《あすか》の藤原京（現在の奈良県橿原《かしはら》市）から平城京（現在の奈良市周辺）に都がうつされました。

それまでの日本列島は、各地に有力な豪族が林立している状態で、その一つに、飛鳥地方を本拠地としている勢力がありました。それが、後のヤマト政権です。有力豪族の力が拮抗《きっこう》する中、しだいに彼らが強い力を持つようになり、各地の豪族を従え、日本の基となる国をつくっていきました。

その過程では当然、自分たちこそ日本列島の唯一にして正当な統治者であることを示す必要が出てきます。そこで、当時の中国や朝鮮半島の国々にならって、市街地を持つ都市としての都をつくりました。それが藤原京です。一九九〇年代から大規模な遺跡発掘作業も行われています。中心部からかなり離れた地域にも都の遺構が見つかりましたので、ことによると、平城京より大きな都だった可能性も出てきました。従来は、藤原京が手狭になったので平城京へうつったとされてきたのですが、どうもそうではないらしいということになります。

では、なぜわざわざ平城京に引っ越したのか。その手がかりの一つに、藤原京と平城京の構造の違いが挙げられます。藤原京は、『周礼《しゅらい》』という中国の古い行政法典にある設計図を再現した都なのですが、藤原京の造営中に中国へ派遣された遣唐使節団が長安の都で目にした形状は、それとは異なっていたのです。そこで、別に新しく都を造営する場所として現在の奈良市周辺が選ばれ、平城遷都が行われたというわけです。

七世紀はじめの厩戸王《うまやどおう》こと聖徳太子（五七四～六二二）もそうですが、それから百年後に聖武天皇（在位七二四～七四九）と光明皇后（聖武天皇の皇后。七〇一～七六〇）は仏教を国づくりの柱に据えました。東大寺を建ててそこに大仏を建立したのは、聖武天皇の発願《ほつがん》です。仏教に深く帰依していた光明皇后は、実家藤原氏の力も利用しつつ、夫唱婦随というより二人三脚で大仏開眼などの事業にあたったようです。

七五二年（天平勝宝四）の大仏開眼供養にあたっては、インドからも僧がやって来て、まさに国際的な一大セレモニーでした。日本の王が仏教の最大の庇護者であることを内外に示すねらいがあったようです。逆に、そうしなければならないほど政治的に社会が混乱していたとも考えられます。当時、「鎮護国家」は仏教に与えられた最大の役割の一つでした。中国や朝鮮半島の国々も仏教を柱に国を治めていたので、日本の為政者はそれに学んだのだと思います。

日本の源流、ヤマト

以前、教科書では、「ヤマト政権」は「大和朝廷」と書かれていました。当時の人々も、奈良県中央部一帯を「やまと」と呼んでいたようです。しかし、漢字による「大和」という表記はずっと後のものなので、現在はカタカナで「ヤマト」と書くようになっています。

「朝廷」ではなく「政権」と呼ぶのは、「朝廷」という言葉自体が、当のヤマト政権の時代の日本にはなかったことと、ヤマト政権と同等の力を持った有力豪族の存在を意識してのことです。「朝廷」という言葉には、「国を治める唯一の政治組織体」という意味合いがありますので、より一般的な「政権」という言葉で表現することで学術的に正確な表現に変わったのです。

「天皇」という称号が使われはじめたのは、天武天皇（在位六七三〜六八六）と持統天皇（天武天皇の皇后で、後に即位。在位六八六〜六九七）の時代です。それまでヤマト政権の王は「大王《おおきみ》」と呼ばれていましたが、このころから「天皇」という称号が使われるようになったと考えられています。

また「日本」という国号は、七〇二年に派遣された遣唐使使節団が中国にはっきり宣言しているのです。「このたび国号を日本と改めた」と、中国の歴史書『旧唐書《くとうじょ》』に記載されています。

年号については、大化の改新（六四五年）で知られる「大化」が最も古い年号とされていますが、実際には、「大宝《たいほう》」（七〇一年が元年）が最初という説もあります。「大化」から「大宝」の間は年号のなかった期間もありましたし、「大化」は後代の人間がつけたのではないかというのです。私もそうだろうと考えています。現在に至るまで絶えることなく年号が続いているのは「大宝」からです。また、大宝律令も大宝元年に完成しています。したがって、七世紀の終わりから八世紀初めまでには、「天皇」「日本」といった呼称と、年号、それに律令とがそろったと考えられるわけです。この四つのことは、ヤマト政権が当時の東アジアの国際基準で一人前の国家になったことを意味します。

その出発点とされる大化の改新に関しても、最近の研究では疑問視する学説が有力です。中大兄皇子《なかのおおえのおうじ》（六二六〜六七一）、すなわち後の天智天皇（在位六六八〜六七一）は、本当に大化の改新の中心人物だったのかどうか、あるいは、彼を支えたとされる中臣鎌足《なかとみのかまたり》（六一四〜六六九）の活躍がどの程度事実なのか、ということです。

鎌足は、後の藤原氏の祖となった人物です。鎌足の息子藤原不比等《ふひと》（六五九〜七二〇）の娘が光明皇后で、以来、藤原氏は日本の政治史上、長く重要な位置を占めていきました。ということは、鎌足が大化の改新で重要な働きをしたとされるのは、後代の藤原一族が自らの正統性を主張するために作り上げたお話なのではないか、という考え方もできます。そこで、政治改革がほんとうに六四五年から始まったのか怪しいということからでしょう。最近教科書では、「大化の改新」

はその後の一連の動きの総称として使い、六四五年の蘇我氏滅亡事件そのものは「乙巳《いっし》の変」（「乙巳」は六四五年の干支《えと》）と表記されることが多くなってきました。

教科書が書き換えられた例として印象深いのは、聖徳太子の件ですね。「聖徳太子」とせずに、「厩戸王（聖徳太子）」と表記するものが出てきました。どういうことかというと、「聖徳太子」は彼が亡くなった後に贈られた称号で、彼個人の名前は「厩戸」であると。したがって、「厩戸王」という、より正確な表記を、という判断ですね。

「聖徳太子」という一人の人物の功績として語られてきた事業も、彼一人によるわけではないので、この時のヤマト政権全体の事業として記載されています。遣隋使の派遣、憲法十七条と冠位十二階の制定などです。さらに、聖徳太子が『三経義疏《さんぎょうのぎしょ》』（仏教経典の注釈書）を著したとされていたことも、実際には別の人たち、ことによるとこれらは中国伝来の書物かもしれないともいわれています。とはいえ、聖徳太子は日本に仏教を広めた偉大な人として信仰の対象となっている存在です。信仰は信仰として、史実とは別の次元で仏教信者さんたちの間では大事にされていいのではないでしょうか。

古代人の国際感覚

厩戸王の時代の東アジアを見てみると、中国では長い戦乱が収まり、五八一年に隋（五八一～六一八）という統一国家が成立します。日本が遣隋使を派遣したのは、東アジアの新たな政治地図の中で自分たちがどのようにかかわっていくべきかを探る目的もあったと思います。わずか四十年ほどで隋が唐（六一八〜九〇七）に取って代わられてからも、日本は遣唐使を送り出しています。

同じころ朝鮮半島では、その唐と連合を結んだ新羅《しらぎ》が百済《くだら》と高句麗《こうくり》を滅ぼし（六六八年）、朝鮮半島を統一しています。百済を支援していた日本は、六六三年、白村江《はくそんこう》で唐・新羅の連合軍と戦って敗れています。以前は「白村江」は「はくすきのえ」と読んでいた、あの白村江の戦いです。

その戦いに敗れ、唐が攻め込んでくることを恐れたヤマト政権は、九州に大規模な土塁を築くなど、国防に躍起となっています。同時に、中国の律令制を積極的に取り入れて、七世紀の後半に急ピッチで国づくりを進めていきました。朝鮮半島情勢と、その向こうに控える巨大な帝国の存在を意識して、知恵を絞ってしのごうとしていました。それは昔もいまも、変わらないと言えるかもしれません。天然資源に恵まれた広い国土に、たくさんの人口を抱えた中国が隣国であることは、日本にとって逃れられない宿命ですから、そこでどう振る舞っていくかが重要だと思います。ヤマト政権の王たちが心を砕いたのも、時の情勢を見極め、相手の顔を立てながら、いかに日本の利益と国土を守るか、ということだったはずです。

その意味で私が高く評価しているのは、足利義満《よしみつ》（室町幕府の第三代将軍。一三五八〜一四〇八）です。義満は、戦乱に明け暮れていた南北朝を統一し、明との勘合《かんごう》貿易を開いて室町幕府を全盛に導いた人物です。明の皇帝に臣従するような形で外交関係を結んだために、中国に媚びへつらったと評判が悪かったのですが、近年は再評価が進んでいます。新しい東アジアの国際秩序が生まれつつあったときに、義満は朝貢という手段で日本を国として認めさせ、貿易による繁栄をもたらした。その枠組みの中でこそ室町文化が栄えたと考えれば、賢明な選択だったと言えるのではないでしょうか。

国同士の緊張関係はいまもさまざまありますが、相手の国がどのような考えを持っているかを理解したうえで、お互いの立場を認め合うことが大事だと思います。立場や考え方の違う者同士が、その違いを認めながらどうやって共に生きていくか。今後の世界にとって、「共生」の思想が重要なのではないでしょうか。

日本は、四方を海で囲まれているという特殊な地理的条件があります。そのために、とかく孤立しがちのようにとらえられますけれども、平城京の昔から、諸外国との交流は絶えることなく続いてきました。日本という国がこれからどのようにあるべきかを考えるためにも、これまでの長い歴史の中でどのように外の世界とつながってきたのかをきちんと知ることが大切だと思います。

二〇一〇年に某協会の人から受けたインタビューに手を加え、本書のために書き直したもの。日本の地政学的環境は、古代からあまり変わっていない。

日本と中国

西暦一世紀に後漢の光武帝《こうぶてい》からもらったとされる「漢委奴国王《かんのわのなのこくおう》」の金印、三世紀の邪馬台国《やまたいこく》女王・卑弥呼《ひみこ》と魏《ぎ》との外交、五世紀のいわゆる倭《わ》の五王《ごおう》による中国の南朝への遣使、そして七世紀初頭の遣隋使。これら古い時代については、いまもその具体相はよくわからないことが多い。遣唐使時代になると、両国の文献に見える記録も増えてくる。ただ、彼我の記述を比べると、日本では国内向けに対等外交を標榜していたが、現地中国では朝貢使節団として扱われていたことがわかる。

日宋貿易の規模は遣唐使を上回る

唐の衰退に伴う遣唐使途絶の後、停滞の時期はあったにせよ、十二世紀後半の日宋《につそう》貿易のように、遣唐使時代を上回る規模で人やモノが移動したこともある。十三世紀から十四世紀にかけては「渡来僧の世紀」と呼ばれるように、中国（宋・元）から多くの仏教僧が日本にやってきて、禅宗の教えや当時の中国文化を広めた。蒙古《もうこ》襲来《しゅうらい》による関係悪化は、一過性の事件にすぎなかった。

一三六八年に明朝が成立すると、儒教原理主義的な国際秩序観に基づき、日本に対しても「貿易したいなら朝貢せよ」と要求してくる。当時、日本は南北朝時代。最初は南朝方の懐良親王《かねよししんのう》が、つづいて北朝方の足利義満が、明に朝貢して「日本国王」の称号を許された。これは後世とやかく言われる「国辱行為」ではなく、新しい国際秩序に対処した政治判断による「開国」とみなすべきである。以後、中断することもあったが、十六世紀なかばまで、室町幕府（のちには中国地方の大名・大内氏《おおうち》）と明との間には、朝貢使節団の派遣という形式をとる勘合貿易（政治的には「遣明使」）が行われ、見方によっては遣唐使以上に大きな役割を果たした。

豊臣秀吉の朝鮮出兵は、かの地で朝鮮の友軍たる明と交戦することを意味した。その結果、明の政府は日本に対して侵略者イメージを強く懐《いだ》き、徳川家康の折衝もむなしく、正規の国交回復は許されなかった。しかし、江戸時代にも民間貿易は継続し、特に中国で内戦（明清交替）が一段落すると、幕府が指定した長崎を窓口にして中国から来航する商人との交易が盛んになった。これと別に、薩摩藩の支配下に置かれた琉球国（沖縄）を通じた間接的な貿易もあり、中国との関係は決して切れていなかった。むしろ、統治者だけではなく民衆レベルにも舶来品（唐物《からもの》）や中国趣味が広がった点で、日本にとって中国の存在感はより重くなったとすら言えるかもしれない。

ペリー来航をきっかけとする開国は、同時に中国との貿易をいっそう盛んにし、二百年ぶりに日本人も中国渡航できるようになった。すると、たとえば高杉晋作が、上海が欧米列強の事実上の支配下に置かれていることを実見して日本の将来を憂えたように、反面教師や腐敗停滞の象徴として中国を見る視線が誕生した。

一八九四年の日清戦争とその結果は、過去二千年間の両国関係を質的に変えた。日本人は中国に対して優越意識を持ち、中国の心ある人たちは日本を手本にして自国の政治や文化を改革しようとした。魯迅《ろじん》や周恩来《しゅうおんらい》が留学し、梁啓超《りょうけいちょう》や孫文《そんぶん》が亡命してきた。中国は日本を通じて新生の息吹を得た。

日本人の抱く優越感はたかだか百年のこと

しかし、大日本帝国政府は一度はじめた海外膨張政策を止めることはなかった。日本と中国は宣戦布告をしないまま戦争に突入。そして、一九四五年、中華民国政府を代表して蔣介石《しょうかいせき》が加わったポツダム宣言を、日本政府は受諾する。日本はアメリカに対してだけ負けたのではない。形式的には、まごうことなく、中国に対しても敗戦国なのである。

その後まもなく中国では国共内戦が起こり、毛沢東《もうたくとう》率いる共産党が大陸を掌握したが、日本政府はアメリカの意向もあって、台湾に逃れた蒋介石政府を中国を代表する政府として認定しつづけた。一九七二年、田中角栄《たなかかくえい》首相の決断により、中華人民共和国と国交を「回復」する。それから四〇年余り、海洋に浮かぶ島の帰属——実際にはその周囲の領海の海底にあることが予想される資源の権利——をめぐって、両国関係は難しいことになっている。だが、地理的に切ろうとしても切れない関係にある以上、国民レベルで智慧を出し合って折り合いをつけねばなるまい。

二千年来の両国関係において、日本人が中国に対して優越感を持っていたのは、たかだかこの百年余り。必要なのは、実は私たちの側の意識改革なのかもしれない。遣唐使も遣明使も、形式上は頭を下げながら、それに見合う充分な実利を得ていたのだから。

初出は週刊朝日百科05の「週刊新発見！　日本の歴史　現代1　岐路に立つ大日本帝国」（二〇一三年）に寄稿した「解説　2000年歴史絵巻5」。版面一ページで二千年間の日中関係を概観せよという注文で、このようにまとめてみた。日本人が抱きがちな優越意識はわずかこの百年余りのこと。日清開戦までは（豊臣秀吉のような暴君を除いて）中国と事を構えようとする為政者はいなかった。「媚中」だからではない。それが日本の国益にかなうからである。

豊臣政権の朝鮮出兵から考える日本外交の隘路

殷鑑遠からず

「殷鑑《いんかん》遠からず」という成語がある。儒教の古典たる『詩経』の大雅《たいが》・蕩《とう》の結びの句だ。「殷鑒不遠、在夏后之世（夏后の世に在り）」。夏后《かこう》とは殷の前にあったとされる夏王朝《か》のこと。禹《う》に始まる夏は、暴君の桀《けつ》が出たために殷の湯王《とうおう》に取って代わられた。その殷も末代の紂王《ちゅうおう》は暴虐だった。歴史を鑑《かんが》みることなく夏と同じ過ちを繰り返すならば、やはり滅びてしまうだろうという警句である。詩の中でこの句の発言者は周の文王《ぶんおう》だが、その子の武王の時に殷周革命が起きることとなる。

歴史上の事件は一回かぎりのものである。しかし、人間の行いというものは、時が経っても本質的にはさほど変わらない。当節の日本外交を見るにつけ、私はこの思いを深くする。中国思想の研究を職業とする者として、この視点から昔の出来事を振り返ってみたい。

征伐か侵略か

一五九二年（文禄元）、豊臣秀吉は十五万の大軍を送って朝鮮に進攻した。韓国では、この歳の干支によって壬辰倭乱《じんしんわらん》と呼んでいる戦争である。

この戦争を、かつて日本では「太閤殿下の朝鮮征伐」と称していた。現在の歴史研究者の間では、この戦争は日本側の侵略行為だったとみなす傾向が強く、「朝鮮侵略」という表現が用いられることが多い。高等学校の日本史の授業でもそう教えられていたりする。すると、今度はこれを不快に感じる人士によって、「自虐史観だ」と批判されるようになっている。

同じ戦争のことを「征伐」と呼ぶか「侵略」と呼ぶかは、それに対してどういう評価（＝価値判断）を下しているかの差異に対応している。歴史上の事件をなんと名付けるかは、歴史認識のうえで重要な問題である。歴史とは単に事実を解明するだけの営みではない。その事実を、人間社会の歩みの中でいかに評価し位置づけるかという学術でもある。戦争の場合、それが悪者を懲《こ》らしめる正義のための進攻なら「征伐」、利己的な加害行為なら「侵略」と呼ばれる。

秀吉の行為には先例があった。正確には、あったとされていた。神功皇后の三韓征伐である（新羅征伐ともいう）。『古事記』や『日本書紀』は以下のように伝える。両書は細部が異なるが、以下のあらすじは同じである。

第十四代仲哀《ちゅうあい》天皇は、九州南部の政治勢力を「征伐」するためいまの福岡に行幸《ぎょうこう》あそばされた。この時、ある神が皇后に取り憑き、託宣《たくせん》として海の向こうの宝の国を攻め取るようにと勧める。しかし、天皇は「そんな国があるとは聞いたことがない」と仰せられてこの託宣を信用せず、この地で突然崩御なさる。遺された皇后は身重のからだを押して軍船に乗って海をお渡りになり、新羅の王を降参させる。これを知った百済と高句麗の王も懼《おそ》れをなして我が国に使者を送り、今後末永く貢ぎ物を納めて服属することを誓った。皇后は帰国してから皇子を生むが、(『日本書紀』によると)七十年間にわたって摂政として日本をお治めになった。これが神功皇后であり、その皇子が応神天皇である。大日本帝国政府が江戸時代の『大日本史』の説を採用して天皇代数から外すまで、神功皇后は「第十五代の天皇」として数えられていた。

現在の実証史学においては、この「征伐」は記紀編纂当時の国際情勢を背景にして、その編纂者たちがおのれの願望をこめて創造した「お話」だとされている。しかし、秀吉は、当時の日本人がみなそうであったように、これを史実だと思って疑わなかった。「朝鮮は神功皇后の時に、未来永劫日本に服属することを誓約した」。この歴史認識が、彼の派兵を「征伐」として正当化する。

厳密には、秀吉は朝鮮を相手にしていたわけではない。彼の意図は、中国(当時は明)の征服にあった。そのために軍隊を通すことを朝鮮に要求して断られたため、無礼だとして出兵に及んだのである。

朝鮮が断るのは当然で、この国は当時、明の朝貢国だった。朝鮮の王（李氏）は世襲であったけれども、制度的には明の皇帝からそう任じられることで「朝鮮国王」たりえていた（皇帝と王のこの関係は、冊封《さくほう》と呼ばれる）。したがって、朝鮮が秀吉の要求を受け入れる可能性はまったくなかった。もし、要求を提示した時に日本の外交当局者が誰もこうした事情を知らなかったとしたら、これはまたとんでもない話である。ただ、後述するように、それ以前に外交関係があったのだから、明と朝鮮の冊封関係は知っていたはずだ。にもかかわらず、独裁者秀吉の意思を止めることができず、国際的には無知も甚だしい要求を行い、ついには戦争に突入していったのであろう。

明は冊封関係にある朝鮮を保全するため、援軍を派遣し朝鮮軍と力を合わせて日本軍と戦った。秀吉の「朝鮮征伐」は明との戦争でもあり、日本では当時「唐《から》入り」と呼ばれた。

小田原と朝鮮は同じ

豊臣秀吉は、なぜ明に攻め込もうとしたのだろうか？

教科書から小説にいたるまで、「豊臣秀吉は天下統一を完成させた」と記述している。一五九〇年（天正十八）、「小田原征伐」によって北条氏を滅ぼし、その陣中に伊達政宗ら東北の大名たちが馳せ参じたことによって、日本全土の大名たちが秀吉に服属した。こうして、長い「戦国乱世」が終わって平和が回復した、はずだった。

だが、そんなことはない。小田原攻めの前から、豊臣政権は「唐入り」の準備を始めている。天下統一で国内の戦争が終結したわずか二年後に対外出兵があった事実は、「せっかく平和になったのに何故?」と思わせる。しかし、この認識はその前提自体がおかしいのだ。「天下統一」と「唐入り」とは連続していた。北条氏との戦争も、朝鮮との戦争も、ともに「征伐」だったのだ。

彼がそれまでの戦国大名と異なるのは、天皇の権威を大いに活用したことだと言われている。類例が戦国時代にないわけではないらしいが、しかし、自ら関白として天皇の職務代行者に就任し、その権限で「惣無事令《そうぶじれい》」と呼ばれる私闘禁止令を布告し、その名目で各地の諸大名に威圧をかけたのは、豊臣政権の特徴である。軍事権はすべて天皇の代理人である自分が握るべきだという論理であった。もちろん、掛け声倒れにならないだけの暴力装置を、秀吉は持っていた。

いまの私たちは「日本はもともと一つの国なのだから、内戦状態を終結させるために軍事権を一元化するのは当たり前」と思ってしまう。しかし、この常識は、平安時代後期以来、それぞれの地元で「一所懸命」(語源は「自分の土地を命がけで守る」ということ)に生きてきた在地領主たちにとっては、なじみのないものだった。律令体制が崩壊して以降、中央政府による軍事的な一元化というのは、実現したことがなかったのである。豊臣政権はまったく新しいこと、常識はずれなことをしようとしたのだ。

小田原北条氏が頑強に秀吉からの服従要求を拒んだのは、彼らが秀吉のこの斬新さを理解していなかったことによる政策判断の誤りだった。ただ、彼らの常識では、京・大坂から関東の僻地《へきち》にまでわざわざ大軍を率いて攻めてくるはずがないと思われたのだ。小田原攻めは見せしめ効果を狙ってもいたろう。東北の大名たちが小田原に参陣するのは、秀吉の本気度を目の当たりにしたからである。彼らの常識は大きく崩れた。

私たちは、「小田原征伐」は日本国内を一つにまとめる事業としてプラスに評価する一方、「朝鮮征伐」は対外侵略戦争としてマイナスに評価してしまいがちである（後者もプラスに評価する人の意見は、それはそれ、他者の見解として尊重しよう）。しかし、私は関東出身なので、前者もまた侵略戦争だったという歴史認識を持っている。十二世紀末の源頼朝による鎌倉開府以来、いや、さかのぼって十世紀の平将門の挙兵以来、関東地方は京都にある朝廷から自立した場所だった。足利将軍家は関東出身だが、本拠地を京都に置いて幕府を開きつつ、分家を関東に置いて東国統治を委ねていた（鎌倉公方《くぼう》）。戦国大名の北条氏が、もともと伊勢氏なのに北条を名のったのは、鎌倉幕府執権だった北条氏の名が関東で持つ権威にあやかったからである。藤原氏の猶子《ゆうし》にしてもらって関白の地位にありついた男――秀吉は「藤原秀吉」の名で関白に就任し、のちに豊臣という新しい姓を天皇から与えられた――と比べて、自分たちは対等もしくは格上だと思っていただろう。有名な網野善彦の所説（『東と西の語る日本の歴史』講談社学術文庫、一九九八年、初出は一九八二年など）を引き合いに出すまでもなく、日本列島は東と西とで異なっていた（もちろん、もっと細かな下位区分を地域ごとにする必要があるが、本章の本筋ではないので省略する）。

というわけで、秀吉は前人未踏の事業を成就したのである。いや、まだ成就してはいなかったのだ。小田原攻めは列島の内部が一つになっただけにすぎない。豊臣政権の視線はすでに海の外を向いていた。神功皇后への託宣の通り、そこには宝の国が存在していたのだから。

彼らが小島を出て大陸に行くのは、理の当然だったとも言えよう。

夜郎自大

冒頭に「殷鑑不遠」を掲げたが、ここでもう一つ、中国古代の故事を紹介しよう。

漢帝国の全盛期、現在の貴州・雲南・広西三省の境界地帯に夜郎《やろう》という独立国があった。漢は使者を派遣して服属して朝貢するようにと要求する。夜郎の王は自分の国に自信があったのか、使者に次のように訊ねた。「我が国と漢と、どちらが大きいかね？」と。「夜郎自大」という語の由来である。ただし、典拠たる『史記』西南夷列伝には、そう質問したのは近くにあった滇《てん》の国王だったと記録されている。

いずれにしろ、それを文字に記録した漢の側からすれば、「自分の狭い国土をわが中華の広大さと比べようとした、世間知らずの愚かな国王」という揶揄《やゆ》・愚弄《ぐろう》の意図をもって語り伝えることした話柄《わへい》である。中国歴代王朝は中華意識を持ち、周辺諸国を常に上からの視線によって見下そうとしてきた。

たしかに、夜郎の国力はとても漢に匹敵するものではなかった。やがて、その地は漢帝国の直轄地に組み込まれ、いまでも中華人民共和国にとって不可分の領土となっている。

夜郎ほど愚かでなかった国々は、漢帝国の言うことを聞いて、へりくだってこの大国にお事《つか》えする（事大《じだい》）途《みち》を選んだ。そうすれば、その引き替えに冊封を受けられる。小国の王にとって、「自分は中華の皇帝陛下から王として認められているのだぞ」と唱えることは、自国内に対する権威としても有効だった。貢《みつ》ぎ物を持っていくこの行為を朝貢と称する。

「夜郎自大」事件が起きたのと同じころ、朝鮮半島北部にあった朝鮮国も漢から「征伐」され、楽浪郡などとして直轄地となった。半島南部や北東部には、百済・新羅・高句麗の三国が成立し、それぞれに中華王朝に朝貢する。やがて、高句麗が隋・唐との戦争で滅び、新羅が唐の力を借りて百済を滅ぼして半島を統一するに至るが、唐帝国に対する朝貢冊封の関係は継続した。以後、そうでない時期もあったものの、高麗・朝鮮の両王朝はいずれも中華帝国への朝貢国として朝鮮半島を統治していた。朝鮮半島では「事大」は、いわば国是《こくぜ》だった。地政学的に自主独立が難しかったこともあろうが、中華文明の圧倒的な魅力に惹《ひ》かれた面もあろう。当初は土俗的だった人名表記も、統一新羅時代には、中国からそう強制されたわけでもないのに、金とか朴とかいった単姓と、漢字一字もしくは二字の名を付けるという漢族の方式を採用し、いまに至っている。

海をはさんで成立したわが日本国も、倭と呼ばれた当初は朝貢国の一つだった。しかし、七世紀の遣隋使において朝貢の形式をとらずに関係を結ぼうとし、その後の遣唐使時代にも、日本国内ではそれらは朝貢使節団ではないことになっていた（唐の都では事実上の朝貢使節として扱われていた）。宋や元からの朝貢要求を受け入れず、そのため「元寇《げんこう》」（歴史学上の正しい名称は「蒙古《もうこ》襲来」）の憂き目を見ることもあった。だが、モンゴル世界帝国による東征軍（日本にとっては侵略軍）を撃退することによって、幸運にも日本は夜郎のようにならずに済んだ。

一三六八年、明が元に代わって中華王朝として成立した。この王朝は儒教的（朱子学的）原理主義に基づいて、直接統治していない土地を治める者たちと朝貢冊封関係を結ぶことを外交政策の基本と定める。そのため、宋や元と違って、明と交易するにはその朝貢国になるしかなかった。かくして、十五世紀初頭、「北山殿《きたやまどの》」として日本の最高実力者だった足利義満は、遣唐使以来途絶えていた国家間関係を復活させて明に朝貢し、「日本国王」に冊封された。国内にもそのことを公表した点では五世紀の倭の五王以来である。いや、倭の五王が冊封の事実を国内で公表したことを実証する史料はないし、三世紀の卑弥呼もどうしていたか不明だから、ことによると、史上初めての国内公表かもしれない。以後、日明間は約百五十年間この関係が続く。遣明使の回数は遣唐使のそれに匹敵し、十八回を数える。足利義満の対中朝貢外交は批判されることが多いけれども、私は彼の外交政策を高く評価している。詳しくは拙著『足利義満――消された日本国王』（光文社新書、二〇〇八年）を参照されたい。

朝鮮出兵をめぐる確執

室町幕府が衰退すると、山口を本拠とする守護大名大内氏が足利将軍家に代わって遣明使を取り仕切った。しかし、毛利元就《もとなり》が大内氏を滅ぼすと、日明間の外交関係は途絶える。このころ、倭寇《わこう》（いわゆる後期倭寇）が猖獗《しょうけつ》を極めるが、豊臣秀吉が一五八八年（天正十六）に海賊取締令を出して倭寇を禁圧し、瀬戸内地方や九州の諸大名が彼に服属することによって、日本の外交権は豊臣政権に一本化した。文禄の役が起きたのはこうした流れを受けてのことだった。

前線本部だった名護屋（現唐津市）から甥の関白秀次に送った書簡は、秀吉の構想を語ったものとして有名である。それによると、朝鮮を制圧したのちに明に攻め込んで全土を支配下に置き、北京を統治拠点として占領政府を設け、秀吉自身は浙江省の寧波《ニンポー》に居を移して東アジア全体に睨みをきかせることを考えていたらしい。この構想がどこまで本気で考えられていたものか、また、秀吉自身がそう考えていたとしても、これが政権構成メンバーの総意であったのかは、定かではない。かなり誇大妄想の気味のある、それこそ夜郎自大な考えにも見える。私には、昭和の大日本帝国軍部の中から、アメリカと日本が世界を二分して最終戦争を戦うことを想定した動きが生じたことが思い合わされてならない。

実は、豊臣政権の朝鮮出兵に際して、政権内部にも慎重派がいたと言われている。一説には、千利休の切腹事件も、彼が出兵に批判的だったことが一因とされる。徳川家康も秀吉に面従腹背の形で出兵には慎重であったようだ。

秀吉を文化顧問・政治顧問として支えたり（利休）、彼に服属することでその天下統一を助けたり（家康）した、いわば創業期の重鎮たちに代わって、若手が台頭していた。その代表格が石田三成と小西行長《ゆきなが》である。彼らは、名目上は大名（武将）ではあったが、前線で戦うよりは、能吏《のうり》として政務を担う秘書官タイプだった。秀吉子飼いということもあって、利休が堺の会合《えごう》衆、家康が三河の戦国大名だったような基盤を持たず、独裁者秀吉のイエスマンでもあった。三成も行長も、戦争を統括する奉行として朝鮮に渡っている。

一方、実際に明・朝鮮連合軍と戦ったのは、秀吉に命じられて自分の家臣団を率いて渡海した大名たちだった。加藤清正の活躍が有名であるが、黒田長政（如水こと官兵衛孝高《よしたか》の子）も勇猛果敢ないくさぶりで、半島北部にまで進撃している。孝高のほうも三成とともに奉行として朝鮮に赴いているが、彼自身は出兵政策に批判的だったのか、秀吉に無断で帰国したために出仕を差し止められたりしている。

講和の破綻——秀吉はなぜ怒ったのか

緒戦の快進撃が止まり、戦況が思わしくなくなってくると、小西行長は日本優位な情勢での講和を図る。明の代表との交渉がまとまり、一五九六年（慶長元）には明の使節団が大坂城を訪問するところまでこぎつけた。しかし、行長たちは講和話をまとめるため、具体的な条件の情報を秀吉にきちんと伝えていなかったので、秀吉が「話が違う」と激怒して和議は決裂、再度の出兵となる（慶長の役・丁酉倭乱《ていゆうわらん》）。

秀吉が求めていたのは、半島南部の日本への割譲と、明の日本への降伏表明（明の皇女を日本の天皇家に嫁がせることなど）であった。しかし、明使がもたらした和約は、明の皇帝が秀吉を日本国王に任命して正規の交易を許可するという内容だった。秀吉は、自分が格下に扱われたことを怒ったのである。

ところが、江戸時代の後半になると、秀吉は「自分は天皇の臣下であり、異国の君主に日本国王に任じられる筋合いではない」という理由で講和を蹴ったのだとする解釈が形成される。その後、明治時代には国家によってこれが正しい歴史認識とされ、昭和の敗戦まで続いた。当時の教育を受けた人の中にはいまでもこの認識を頑迷に墨守《ぼくしゅ》し、対中外交の見本のようにもてはやす向きがある。

だが、史実はそうではない。

前述したように、足利義満以来、日本は明に対して朝貢外交をしていた。応仁の乱などを契機に幕府の力が衰えると、代わりに大内氏が日明間や日朝間の経済交流・文化交流を担う。しかし、その場合もあくまで名目は日本国王が明に朝貢したり朝鮮国王と友誼を結んだりという外交儀礼だった。大内氏がこうした関係を本心ではどう思っていたか定かではないが、この場合も日本国王とは足利将軍家のことだった。したがって、豊臣秀吉個人は明を屈服させるつもりで戦争を始めたのかもしれないが、現場で講和交渉を進めていた人たちは、室町幕府の、そしてそれを引き継いでいた大内氏のとっていた外交政策に基づいた関係を復活させることで、戦争状態を終結させようと試みた。秀吉が講和を蹴ったのは、なんら戦果が得られないのを嫌ったからにすぎない。

そもそも、秀吉に命じられて出兵した大名たちは、現地で戦果をあげることによって自分たちが恩賞を得ることを期待していた。彼らは近代的な意味での国軍ではなく、私兵の連合にすぎなかった。当時なお戦国時代のなごりで、というより、鎌倉武士以来の「もののふ」の系譜を引いて、主君のために戦う行為（奉公）は、土地などの反対給付（御恩）を目的としていた。

元寇こと蒙古襲来は、日本にとっては防衛戦争であったが、事情はこれと同じで、鎌倉幕府に召集されて前線で蒙古軍と対峙《たいじ》した御家人たちは、別段、「日本国を守る」という崇高な意識を持っていたわけではない。「鎌倉殿」（事実上は執権の北条時宗《ときむね》）から戦時奉仕の褒美として土地をもらうことを期待していたのである。

その三百年後も事情はさして変わらない。したがって、朝鮮で戦っている大名たちにとっても、「日本国の君主たる天皇、およびその代理人である秀吉が侮辱された」ことが問題なのではなく、朝鮮から土地を奪わなければ恩賞にありつけないという、きわめて実利的なところが問題だった。出兵した以上、戦果をあげずに兵を引きあげさせられては困るのである。それでは、彼ら自身もさることながら、彼らの家臣たちが納得しない。家臣たちは、これまた恩賞目当てで従軍しているのだから。「天皇陛下のため」「お国のため」に戦うことを誇りにしていたわけではない。明治から一九四五年（昭和二十）までの大日本帝国ではそれが帝国臣民の誇りとされていたわけだが、本心はいやいやながらの出陣だった兵士は数知れずいたことだろう。武運拙《つたな》く戦場に散って東京九段の大きな神社に合祀《ごうし》されることを、その「英霊」たちが全員心から喜んでいるとは、私は思わない。

それはさておき、前線で戦う大名たちにとって、講和時点で日本軍が占領していた地域まで朝鮮に返すなどというのは論外だった。行長たちが秘密裏に交渉を進めたこともあって、彼や三成に対する不信感が蔓延する（だが、そもそも、戦時の講和交渉というものは、関係者間で公開討論して決める筋合いのものではなかろう）。

行長は講和条件の情報を秀吉に正しく伝達しなかったために失脚する。ただ、改易とか処刑のような厳しい罰ではなかった。こうして、奉行としては三成の重みが増すことになる。だがあいかわらず秀吉のイエスマンで、戦闘再開後ますます情勢不利になる中、その打開策を提示できずにいた。戦況は、制海権を朝鮮水軍に奪われて、現地部隊に対する補給もままならなくなっていく。前線で戦う加藤清正や黒田長政にしてみれば、それこそが奉行の任務のはずなのに三成は何をしているのかということになろう。三成が意図的に自分たちを苦しめているのだという感じ方をするようになる。実際、三成はイエスマンとして秀吉の面前で再度の講和交渉を言い出せないため、前線部隊を見殺しにする「未必《みひつ》の故意」を持っていたのかもしれない。前線での敗北は前線指揮官たちの責任になり、彼が咎められることはなかろうから。秀才型能吏にありがちな、明《めい》哲《てつ》保《ほ》身《しん》、責任逃れの「事なかれ主義」である。

日本の国益はこうして損なわれていった。絶大な権力を握る独裁者秀吉のもとで、戦争に懐疑的なものの（利休のような目に遭わぬよう？）隠忍自重《いんにんじちょう》している徳川家康や黒田孝高、自分が戦功をあげることしか眼中にない利己的な加藤清正や黒田長政、能吏であるがゆえにイエスマンに徹している石田三成。状況を打開する外交政策は、三者いずれからも出されることはなかった。この「不幸な戦争」の終結に「聖断」が下ることはなかった。それが下せるはずの人物の死までは。

一五九八年（慶長三）に秀吉が死ぬと、豊臣政権は現地軍に撤兵を通達する。そこで指導的役割を果たしたのは徳川家康だったとされる。現地指揮官たちの帰国後、彼らが戦場で嘗《な》めた辛酸の怨みは奉行石田三成に向けられていく。関ヶ原合戦で家康軍に秀吉恩顧の大名たちが多数加わったのは、秀吉にイエスマンとして仕えることで自分たちをないがしろにした三成への意趣返しだったとも言われている。逆にいえば、三成が「豊臣家の天下を守る」ことを旗印に掲げても、彼らの心はそれには靡《なび》かなかったのだ。

五山僧西笑

朝鮮出兵の時期、黒田孝高の京都の屋敷を西笑承兌《さいしょうじょうたい》という禅僧が定宿がわりに利用していた。西笑は豊臣政権の所在地である伏見に住んでいた。彼は五山僧として、豊臣政権の秘書官的な役割を果たしていた人物である。

残念ながら多くの小説やドラマには彼らが登場しないけれども、五山僧は室町時代から織豊時代にかけての政治の展開には欠かせない存在だった。各地の戦国大名も五山ゆかりの学僧を幕僚として抱え、領国経営の実務家として起用していた。有名なところでは、今川義元に仕えた太原雪斎《たいげんせっさい》、毛利家の外交僧だった安国寺恵瓊《あんこくじえけい》（関ヶ原合戦の後、石田三成・小西行長とともに斬首）らがいる。

というか、そもそも、軍師とは彼らのことだった。「軍師」という用語が広まるのは江戸時代になってからのことで、当時は「軍配者《ぐんばいしゃ》」と呼ばれていたが、地理や気象を含む豊富な学識を活かして、戦場での作戦を練るのがその役割だった。竹中半兵衛や黒田官兵衛（孝高）の軍師イメージは、江戸時代になってから造型されたものにすぎない。史実としては、軍師は五山僧が務めていた。

西笑も五山の系譜を引く学僧だった。すでに遣明使の時代が終わっていたため、彼らの世代に渡明経験はない。しかし、五山で学ばれていた漢籍の知識を通じて、また、先輩たちから受け継いできた国際関係についての大局的見解によって、豊臣政権内において朝鮮出兵慎重派の一角を占めていたと想像される。

黒田孝高がどのような経緯で彼と親しくなったのか、寡聞にして私は詳《つまび》らかにしないが、豊臣政権の中枢にいた人物同士、職務柄、接する機会は多かったものと推察される。西笑は家康とも親しく、秀吉没後は、実権を握った家康の秘書役を務めた。関ヶ原前夜、会津討伐のきっかけとなったいわゆる「直江状」は、上杉景勝の重臣直江兼続《なおえかねつぐ》から西笑宛に出されている。拙著『江と戦国と大河』（光文社新書、二〇一一年）などでも書いたことだが、したがって、小説やドラマでしばしばそう描かれるような、直江状を家康がまず開封して読み、激怒するという場面は史実に反する。直江状は家康糾弾をその内容としているが、名宛人は政権の秘書官西笑だった。直江状とは、西笑が家康の意を受けて兼続宛に出した上杉家への詰問状に対する、兼続の反論だった。西笑は徳川家康の、兼続は上杉景勝の、それぞれの秘書官として丁々発止の外交を展開していたのだ。

その後、西笑は家康の文化政策というべき伏見版（活字印刷）の刊行に携わっている。ただし、政治的には目立った活躍をしていない。その面では、以心崇伝《いしんすうでん》（南禅寺金地院の僧）や、天海（彼は五山僧ではなく天台僧である）、そして道春こと林羅山《はやしらざん》らに取って代わられる。ただし、羅山は儒者でありながら道春という僧侶の名で、しかも剃髪した僧形で出仕しており、これは五山僧が政治顧問を務めた形態を踏襲している。羅山自身、若いころに五山の一つ建仁寺で学んだ経験を持っている。豊臣政権が行った明・朝鮮との戦争の後始末は、成立したばかりの徳川政権（江戸幕府）

にとって大きな課題だった。羅山はその実務を担い、東アジアの安定回復に寄与している。

ジェネラリストだった五山僧

室町時代には、なぜ出家して僧侶となった人たちが外交官の任に当たったのだろう。

五山とは、もともと十三世紀、中国の南宋が設けた制度だった。寺院を、教（教学）・律（寺院の規律）・禅の三つに区分けし、それぞれについて中核となる寺院を五つずつ選んで、他の諸寺を統括させ、仏教教団全体を秩序づけようとしたものである。ただ、遺されている史料が限られているため、教院と律院についてはよくわかっていない。禅院については、日本に関連史料が豊富に存在しているため比較的その仕組みが明らかになっている。中国の禅五山は、当時、南宋政府が置かれていた杭州から三つ、日本との交易港だった先述の寧波から二つの寺が選ばれている。この中に、日本仏教にとっての聖地天台山は含まれていない。ただ、寧波が日本からの僧侶たちの上陸地だったこともあって、寧波の阿育王寺と天童寺は、五山に指定される前からゆかりのある寺だった。これらが禅院五山として確乎《かっこ》たる地位を確立したことが、その直後にこの地を訪れた栄西や道元が日本に禅をもたらす背景をなしていたのである。

明確な年代は不詳ながら、鎌倉時代の末期には、建長寺や円覚寺が五山と呼ばれるようになっていた。これらの寺は南宋からの渡来僧を開山としており、彼らの提案があって制度化されたと推測される。その後、後醍醐帝の建武政府や、室町幕府創業期を支えた足利直義（尊氏の弟）によって、京都の禅院も五山に加えられ、足利義満の時に京都五山（実際には六寺）と鎌倉五山が並立する形で完成する。京都五山とは序列順に南禅寺・天龍寺・相国寺・建仁寺・東福寺・万寿寺、鎌倉五山は建長寺・円覚寺・寿福寺・浄智寺・浄妙寺である。みな今も遺る名刹《めいさつ》ばかりだ。

室町幕府は五山の僧侶を政治顧問・学術顧問として重用した。彼らが中国文化に通暁し、漢詩文の作成に優れていたためで、明や朝鮮との外交においては主導的な役割を果たした。彼らを主な担い手とする室町時代の漢詩文は五山文学と呼ばれている。五山は、単に文学にとどまらず、書画・飲食・建築など、広義の文化全般にわたって指導的な役割を果たした。室町時代の北山文化・東山文化と呼ばれてきたものを総称して、五山文化とみなすのが最近の研究動向である（島尾新編・小島毅監修『東アジア海域に漕ぎだす4 東アジアのなかの五山文化』東京大学出版会、二〇一四年）。

五山文化とは、聞きなれない言葉であろう。五山文学のほうは、入試問題にも出題されるように、人口に膾炙《かいしゃ》した歴史用語である。私が高校生のころの教科書、山川出版社の『詳説日本史』の一九八〇年版では、本文にこの語は見えず、脚注に「これらの五山の禅僧によって創作され、鑑賞された漢詩文を五山文学という。南北朝時代から室町時代の初めはその全盛期であり、中巌《ちゅうがん》円月《えんげつ》・義堂周信らが活躍した」とあるだけだった。これが、現在使われている最新版『詳説日本史B』（二〇一三年版）では、本文の中で、「彼ら〔五山の僧侶たちのこと——小島〕の間では、宋学の研究や漢詩文の創作も盛んであり、義満の頃に絶海中津・義堂周信らが出て、最盛期を迎えた（五山文学）」となっている。紹介される人名が、なぜ中巌から中津に代わったのか私は知らないが、おそらく「義満の頃に」という形容句に続けるためだろう。中巌は中津や義堂より一世代早く、南北朝時代前半に活躍した僧侶だった。

明代には、前述した通り、原則的に朝貢形式での交易しか許可しなかったため、渡海する僧侶も遣明船によることとなり、中国国内での行動は制限された。中巌や中津のように各地の寺院を自在にまわることはできなくなったのである。したがって、その知見は限られたものとなり、日本側の政治事情（幕府の衰退と、外交権の大内氏による事実上の独占）によって、五山僧が外交政策の立案・変更にかかわる機会も失われていく。豊臣政権が成立したときには、策彦周良《さくげんしゅうりょう》を正使（大使）とする最後の遣明使から四十年が経っていた。

そもそも、五山僧とかぎらず、僧侶は鎌倉幕府創設以来、武家政権の文書行政を担ってきた。多くの武士は漢文運用能力を持たないからである。中世ヨーロッパで、ラテン語の書記能力を持つキリスト教聖職者が果たした役割と同じである。

特に外交は僧侶の活躍する場であった。明や朝鮮とやりとりする文書は、すべてきちんとした漢文で書かねばならないからだ。ちなみに、ごく初歩的な事実で恐縮だが誤解があるといけないので指摘しておきたいことがある。ハングルと呼ばれる朝鮮独自の文字は、十五世紀に発明されたものだから秀吉のころにはもう存在していた。しかし、これはあくまでも漢字の補助にしか使われておらず、正規の公文書はすべて漢文で書かれていた。日本でも公文書は漢文（ただし日本語風の、文法的・語法的には独自の漢文）で書かれていた。漢文は、朝鮮でも日本でも、私たちがイメージするような意味での外国語ではなかった。

漢文の裏側には中国文明の古くからの伝統の蓄積が存在していたから、文法的に正しく書けばよいというものではなかった。国際的な外交交渉の場面ではなおさらである。文体が典雅であること（四六駢儷《べんれい》文と呼ばれるもの）、故事や典拠をふんだんに盛り込んでいること、そして、個々の具体的な場面（どういう身分の人物からどういう人物への書簡か、等）に相応した、礼にかなった文面であること、などなど。いわば外交上のマナー、プロトコールが求められていた。公家にも漢文運用能力があったが、彼らは平安時代以来、日本一国主義で世界情勢には無頓着だった。室町時代の日本でこれに習熟していたのが、五山僧だったのである。

五山僧は外交の専門家（スペシャリスト）ではなかった。そうではなく、広い学識と豊かな文才を持って東アジア世界の国際的文化に通暁するジェネラリストだったのである。

能吏は国を誤る

五山僧と比べると、石田三成や小西行長はスペシャリストに見える。彼らはたしかに有能な官僚であり、豊臣政権の運営にとって欠かせない人材だった。彼らを見出して登用した秀吉自身、織田信長の下で彼らと同じような任務を与えられていた。しかし、如何《いかん》せん、五山僧たちが修行時代から叩き込まれていた人文的素養は身に付けていない。そのためばかりではなかろうが、主君（秀吉にとっては信長、三成・行長にとっては秀吉）の前ではイエスマンに徹し、自分の保身を図る術に長《た》けている。そうであったからこそ、政権首脳として活躍しつづけることができたのである。

しかし、朝鮮出兵の処理という外交の場では、その面が裏目に出ることとなった。単に行政能力にすぐれているだけでは、東アジアの文化世界においては野蛮人（東夷《とうい》）あつかいしかされない。五山僧たちが具《そな》えていた文化的素養は、立身してからの付け焼刃では間に合わなかったのだろう。なんでも器用にこなす秀吉にして、自筆の書状は仮名を多用する和文であり、漢文で書くことはなかった。私は漢文で書くほうが偉いと言いたいのではない。だが、漢文運用能力に代表される人文的素養が欠如していると、中国や朝鮮のジェネラリスト文化人（士大夫と呼ばれる）から見下されたという事実を指摘したいのである。

もちろん、だから中国・朝鮮のほうが偉いとか、ジェネラリストでありさえすればよいと言うつもりもない。あちらにはあちらの弊害があり、二十世紀に日本によって辛酸を嘗めさせられる結果を招いている。最も、人間万事塞翁《さいおう》が馬、日本は優秀な官僚や軍人を育てて西洋化・近代化路線を成功させ、秀吉以来となる大陸進出を果たしたものの、これはこれで破滅への途であった。スペシャリストには、自分が知悉《ちしつ》している分野・領域のことしか見えていないからである。

昭和初期の日本では軍部がしだいに力を持つようになっていた。その担い手は、清正・長政タイプの勇猛果敢な武人というわけではなく、後方の参謀畑の将校たちであり、いわば三成型の秀才能吏だった。軍という組織の中で、彼らは実に手際よく働いた。軍縮政策に反対して軍部の利権を拡大し、世界有数の強大な軍隊を築き上げた。工学系技術者を活用して世界最高水準の軍艦や戦闘機を開発した。大日本帝国の陸海軍――天皇陛下にお仕えする軍隊であるところから「皇《こう》軍《ぐん》」と呼ばれるようになっていく――は、清に勝ち、ロシアに勝ち、ドイツに勝ち、そして中国との雌雄が決せぬまま米英とも戦端を開いた。ここにはスペシャリスト主導国家ならではの悲劇があったように思えてならない。

外務省にも外交政策決定の権能はなく、外交官という名のスペシャリストたちが雲集していた。彼らは自己の職掌を全うすることには長けていたけれども、日本が世界情勢や国際慣行から逸脱した道を進むことを止められなかった。日本がその経済力・軍事力に応じて政治大国として遇されることに、いい気になっていたのかもしれない。一九三〇年代における日本という国家の振舞い方は、諸外国には奇矯《ききょう》なものと見えていただろう。幸い(?)、ナチス=ドイツやイタリア=ファシズムのような同類がいたので、さほど突出して目立たずに済んではいたけれども。

「大日本帝国」は、その自称通り、夜郎自大を地でいったのである。

戦後、元外務官僚だった吉田茂が指導する新生日本国は、アメリカに臣従して「朝貢外交」をすることで経済的な利益を得る途を取った。戦後レジームとは、破局から立ち直るためにやむをえず選択された、しかしその意味で有効な体制だったといえよう。そして、いま、中国がアメリカと肩を並べんばかりの勢いで大国化し、東アジア国際秩序の磁場が変容しつつある。日本はアジア随一の経済大国の座を中国に譲った。いや、歴史的に見れば、その地位を返したというべきだろう。

これは好き嫌いで済む話ではない。「自分たちのほうが正しい」と理念的に主張し——その理念も「私たち」の理念であって「彼ら」は他者として違う理念を主張するだろう——、隣人の悪口を家の中で言い合って溜飲《りゅういん》を下げていても、問題は解決しない。もし嫌いなら、嫌いだからこそ、この隣人たちとどう付き合っていったらよいかを考えるのが、外交というものではなかろうか。

殷鑑遠からず。豊臣政権や昭和初期の愚行を繰り返さぬよう、いまこそ歴史に学ばねばならない。

主要参考文献

小島毅『足利義満——消された日本国王』（光文社新書、二〇〇八年）
小島毅『江と戦国と大河——日本史を「外」から問い直す』（光文社新書、二〇一一年）
島尾新（編）、小島毅（監修）『東アジア海域に漕ぎだす4 東アジアのなかの五山文化』（東京大学出版会、二〇一四年）
『詳説日本史』（山川出版社、一九八〇年版）
『詳説日本史B』（山川出版社、二〇一三年版）
藤堂明保・竹田晃・影山輝國（訳）『倭国伝——中国正史に描かれた日本』（講談社学術文庫、二〇一〇年）
村井章介『世界史のなかの戦国日本』（ちくま学芸文庫、二〇一二年）
村井章介『増補 中世日本の内と外』（ちくま学芸文庫、二〇一三年）

頼山陽『日本外史（下）』（岩波文庫、一九八一年）

初出はＮＨＫブックス別巻『現在知』Vol.2「日本とは何か」（ＮＨＫ出版、二〇一四年）。文中黒田孝高への言及が多いのは、この年のＮＨＫ大河ドラマが「軍師官兵衛」だったからである。歴史や思想・文学といった人文学は国立大学には無用だとする政治家がいるようだが、私に言わせれば、彼らこそ「国賊」である。

東北アジアという交流圏——王権論の視角から

倭国遣使の背景

『後漢書』巻一下に光武帝の西暦五七年（中元二）正月のこととして、次のような記事がある。

東夷倭奴国　遣使奉献（東夷の倭奴国が使節を派遣し貢物を献上した【1】）

日本の学校で学んだ者なら、古代における大陸との交流を示す史料として歴史の授業で教わった記憶を持つことだろう。『後漢書』巻八十五・東夷列伝に設けられた倭国の条には、「建武中元二年、倭奴国奉貢朝賀」と、右記と同内容の記載のあと、使節団長が「大夫」を自称し、自分たちは倭国の「極南界」から来たと述べたと紹介する。そして、光武帝がこの使節団に対して印綬を授けたことを記録している。この印綬は、江戸時代なかばの一七八四年（天明四）に博多湾の志賀島で発見され、現在国宝に指定されている、かの有名な「漢委奴国王」の印である。

この記録は、中国の正史に日本の使節が都までやってきた最古の記述として、日本の学者たちによって古来重視されてきた。『漢書』地理志によれば、これに先立つ前漢の時にも、「倭人」が楽浪郡に使者を送って交流していた旨が記載されている。ただし、楽浪郡は朝鮮半島、現在の平壌付近に置かれた統治拠点だったから、これはあくまで漢の地方行政組織と日本列島の人々との交流を示しているにすぎない。倭人が直接都の長安までやってきて皇帝に謁見したわけではないのだ。しかも、『漢書』地理志は後漢の班固の手になるものであり、彼は光武帝の時の倭奴国王の使節来訪を知りうる立場にあった。つまり、この記事は前漢の朝廷が持っていた倭人についての記録が元になっているのか、それとも後漢光武帝の時に倭国の使節が「我ら倭人は以前から楽浪郡に出入りしていた」と報告した情報に基づいているのか、定かではない。したがって、西暦五七年のこの事件は、以後二千年に及ぶ日中政府間交流の本格的な開始を告げるものとして、特筆大書されてきたのである【2】。

しかしながら、この記事が後漢側にとってどのような時期に記録されているかという点については、一般にあまり知られていないように思われる。少なくとも、日本列島をとりまく海に学術面でも境界線を引き、日本の歴史を内在的発展として描こうとする立場からは、この記事の存在は重視されても、史料上の文脈は看過されてきた。

実は、さきほどの記事は、光武帝紀において次の記事の直後に掲載されている。

二年春正月辛未　初立北郊　祀后土（二年の春正月、辛未の日、はじめて北郊の祭場を造営し、后土の神を祀った【3】）

北郊とは都（当時は現在の洛陽付近の地）の北の城壁外を意味し、ここでもそうであるように、通常はそのしかるべき場所を選定して造られる祭場を指す。これは南郊（後述）と対になる施設で、地の神を祀るのにふさわしい場とされていた。后土《こうど》とは、このころ、地の最高神に与えられた名称である。つまり、この時、光武帝の政府ははじめて后土をきちんと祀ることを実践できたのであり、そのことを記念してこのような記録がなされ、それから約四百年後に編纂された『後漢書』にも掲載されているのである【4】。

記事自体にかかる日付表示はないにもかかわらず、倭国使節の来訪が中元二年正月のことだとみなされているのは、この北郊祭祀の記事の直後に書かれていることと、その次の記事（後述）が二月と明記されていることとによる。

北郊での后土への祭祀と倭国使節の来訪は、現在の私たちの感覚からすれば直接的には無関係に見える。これまで倭国使節来訪と北郊祭祀記事とを結びつけて強調されることがなかったのも、そのためであろう。しかし、皇帝がいかなる存在として思念されていたかという、当時の思想状況をふまえて考えてみると、この二つの記事が同じ月に並んでいることは偶然とは言い切れない。

本章では、この問題についての卑見を述べてみたい。皇帝の祭祀というものが読者にはなじみ薄かろう事象であるため、内容が専門的にすぎるように受け取られるかもしれない。しかし、これは、そうした私たちの感覚が、当時の王権を支えていた人々の感性から離れているためである。むしろ、当時の人々にとっては北郊祭祀と倭国使節の来訪とは、ともに光武帝の王権を寿《ことほ》ぐ慶賀すべき事象として同質性を持っていた。東アジアの国際政治秩序がはじめて日本列島にまで及んだという点で、二千年前の倭国遣使は重要なのである。

中元への改元経緯

そもそも、倭国の使節が史上はじめて中国皇帝に謁見した年は、なぜ中元という年号なのだろうか。

光武帝（本名は劉秀）は、前漢末期に皇室劉氏の分家として地方豪族の家に生まれた。世が世なら、「高祖劉邦の子孫」であることを誇りにしつつ、ごく平凡な生涯を送るはずであった。ところが、王莽が王権を簒奪して新という王朝を樹立したことが、彼の運命を大きく変えた。反王莽勢力が各地で武装蜂起する中で、彼もその一つに加わり、やがて並み居るライバルを駆逐して皇帝に即位する。その時に立てた年号は、建武であった。建武は三十一年まで続く。そのままであれば「建武三十二年」と呼ばれたであろう年に、彼は年号を変える行為、いわゆる改元を行う。その新しい年号が中元であった［5］。

中元とは、文字通り、「治世途中で行った改元」という意味であり、結果的には光武帝最後の年号となるが、改元の時点ではもちろんそのつもりはなかった。このあとも、また同じようにしかるべき時に改元するつもりであったと推察できる。

では、中元への改元は、光武帝政府にとってどのような意味で「しかるべき時」だったのであろうか。そのことを示す記事が、『後漢書』光武帝紀の中元元年（五六）春正月に記載されている。

まずは、領国に赴任していた王たちが揃って「来朝」した記事に始まる。来朝とは、皇帝の居所である洛陽に年賀の挨拶にやってくること。つまりは、倭国など外国使節の来訪と同種の行為である。光武帝紀で諸王来朝を記録するのはこの年だけである。実際に他の年にはそれがなかったのか、なんらかの理由でこの年についてだけ記録したのかはわからない。前者なら、この年は諸王が都に集まってきた特別な年だということになる。また、後者であったとしても、わざわざこの年についてだけそれを特記したということは、この年が特別な年であることを証拠立てていることになる。いずれにしても、この年の諸王来朝は後漢の宮廷史官にとって記録に遺すべき重要な出来事であり、それが『後漢書』に取り入れられているのであろう。

そして、この来朝は光武帝が計画していたある行事のために、彼らを召集したためと思われる。その行事とは、山東の泰山における封禅《ほうぜん》であった［6］。正月のうちに光武帝は洛陽を出発し、二月に泰山（光武帝紀は「太山」と表記）に到着する。泰山の近くに領地を持つ王二名（北海王・斉王）は、泰山（同じく「東嶽」と表記）において光武帝に謁見（朝）した。このことから、この二人は洛陽に召集されず、最初から泰山で会うように指示されていたことがわかる。すなわち、前記諸王も封禅行幸に随行するために洛陽に召集されたと推理できるのだ。

そして、この月のうちに光武帝は封禅儀礼を執行する。

封禅とは、帝王が天下太平を天の神に報告する儀式であった。『管子』という書物には、太古以来、七十二人の帝王たちが封禅を行ったと書かれている。もちろん、これは虚構であって史実ではない。だが、こうした伝承を受けて、秦の始皇帝と前漢の武帝は実際に封禅儀礼を執り行った。光武帝は史料上たしかなところでは三人目の「封禅した帝王」である【7】。

封禅を実施したのは、光武帝が前漢末からの政治的混乱を完全に収拾して強固な王権を樹立したこと、およびそれに対する自信によっている。こうして、四月に洛陽に戻ったあと、中元への改元が行われる。つまり、この改元以前はまだ建武年号のままであり、この年は建武三十二年だった。『後漢書』では年のはじめに「中元元年」と表記しているが、これは年初に遡ってこの年全体をそう呼んでいるにすぎない。封禅がなされたのは、厳密には建武三十二年のことである。

そして、光武帝は息つく間もなく四月のうちに今度は長安に行幸し、長陵（高祖の墓）に詣でる。長安行幸は以前にもなされていてはじめてではないけれども、この長陵参拝は封禅を実施したことを高祖の霊に報告するためだったと考えられる。

さらに、この年の夏には洛陽に不思議な泉が湧出し、その水を飲んだ者はみな持病が快癒した。また、赤い草が生えたり、地方に甘露が降ったりした。これらの現象は瑞祥と呼ばれるもので、帝王の政治を自然界が寿いでいる証とみなされた。もちろん、科学的には信用の置けない話であり、やらせによる捏造と解釈するのが穏当だろう。だが、当時、このように作為することが、光武帝の王権を荘厳すると思念されていたことは思想史的に重要である。

倭国の使節団が洛陽を訪問したのは、こういう時期であった。

后土祭祀と倭国奉献

光武帝紀は中元元年の最後に次のような記事を載せる。

是歳　初起明堂　霊台　辟雍　及北郊兆域　宣布図讖於天下（この年にはじめて明堂・霊台・辟雍や北郊の区画を造営し、図讖を天下に広めた）

『論語』のどこを探しても、明堂《めいどう》・霊台《れいだい》・辟雍《へきよう》・北郊《ほっこう》・図讖《としん》といった語は見えない【8】。一般に今日では、日本でも中国・韓国でも、『論語』をもって儒教思想の最も代表的な典籍とみなし、そこに書かれていることこそ儒教の核心部分であると認識されている。しかし、これは宋代に朱子学が勃興して四書（大学・中庸・論語・孟子）を必読書に認定して以降の見方にすぎない。

光武帝のころ、儒教はいわゆる五経（易・書・詩・礼・春秋）を経典としていた。そして、この五経や『論語』『孝経』のそれぞれに対して、緯書と呼ばれるテクスト群が存在していた。緯書は経書同様、孔子および彼以前の書ということになってはいたが、実際には前漢末期に作成されたものと考えられている。図讖とは予言書のことでやはり当時流行しており、両者をあわせて讖緯《しんい》と呼ぶ。この讖緯思想を光武帝は愛好し、このころの学術では経書の解釈にも讖緯を用いていた。明堂・霊台・辟雍・北郊といった術語は、すべて緯書に見えるものだった【9】。

これらは、光武帝によって新たに都と定められた洛陽郊外に、この時はじめて造営されたのである。泰山封禅やこれら諸施設の完成は、彼の王権が盤石のものになったことを象徴する事件であった。そして、翌年正月、その北郊で后土を祀る儀礼が行われた直後に、倭国の使節が彼に謁見したわけである。

明堂・霊台・辟雍はあわせて三雍とも呼ばれる、これらでセットになる施設とみなされていた。古来、一つの施設の中の部分の名称なのか、それとも別個の施設であるべきなのか、儒学者の中で見解が分かれている。ただ、一九六二年から始まった後漢当時の洛陽の南方郊外の発掘調査の結果、光武帝が造営したのはそれぞれ独立した建物だったことが明らかになった【10】。

司馬彪《ひょう》による『続《しょく》漢書』祭祀志のほうでは、北郊と対をなす南郊の整備は西暦二四年（建武二）に始められていたとしているけれども、范曄《はんよう》『後漢書』の光武帝紀には当該年にそのような記事はない。南郊は北郊と対をなす場合には天の神々の祭場となるが、北郊がない時期においては、地の神々もこちらであわせて祀ったものと理解される。天は南、地は北、というのは陰陽思想による方位の当てはめである。光武帝は南郊造営後、三十年経ってから、封禅実施や三雍建設とあわせて天と地の祭場を分離することにしたわけである。こうして準備が整い、はじめて北郊を使って后土を祀ったのが、中元二年正月であった。

后土とは、儒教の経書にしばしば登場する神である（『尚書』武成篇、『周礼』春官大宗伯、『礼記』月令篇など）。注釈者たちはこれを大地の神と解し、『尚書』武成篇で皇天という名の神（天の最高神と解される）と対になっていることから、地の最高神とみなした。前漢武帝の時に「天のほうは封禅などで祀られているのに、地が祀られていないのは、いにしえの正しい祭祀体系からはずれている」という主張がなされて、山西の汾陰に祭場を設けて祀られる。その後、郊祀の祭式を、より正しいもの（と儒学者たちがみなしたもの）に変更する際に、南郊における皇天への祭祀と対になる形で、祭場を北郊に定めたのであった。その立役者は王莽《おうもう》である（以上、『漢書』郊祀志）。光武帝も后土を皇天とは別個に祀るための祭場を建設し、中元二年正月に祭祀を実践したのだった。

この時、すでに倭国の使節団は洛陽に到着していたであろう。いつ到着したかは不詳ながら、後世の遣唐使や遣明使の事例から類推するに、遅くとも年末までには上洛し、新年慶賀式典における光武帝への謁見に備えて待機していたものと思われる。倭国使節の「奉献」が后土への祭祀の直後に許されたのは、光武帝が地上の支配者であることを顕示するのに、この二つの事例が象徴的と考えられたからではあるまいか［11］。

后土は大地全体を神格化したものである。中国の伝統的な世界観では、大地は周囲をぐるりと海に囲まれているとみなしていた。観念的なものではあるが、方角により東海・南海・西海・北海と呼ぶ。この四方の海をまとめて「四海」と称し、この語はまた、四海によって囲まれた世界全体を意味する。后土とは、四海によって囲まれた大地（大陸）のことと思念されていたのだ。

大陸はすべて皇帝が天命を受けて統治することを委任されている。現実には直接統治できず、皇帝の感化が及ばない地域がある。中華という語の対概念である夷狄《いてき》（これまた方角によって東夷・南蛮・西戎・北狄と分類される）の居住地域である。夷狄も社会を形成し、自分たちの君長を擁することが多い。そうした君長の中には皇帝の徳を慕って朝貢してくる者たちもいる。この時、皇帝は王や侯といった称号を彼らに与え、自分の臣下とみなすことによって、間接的に夷狄の居住地域に感化を及ぼし、中華文明を浸透させていく。そうすることが、天命を委ねられた皇帝の使命でもあった。時には、中華皇帝の側から夷狄の君長に使者を派遣して朝貢をうながす。それに従わずに反抗した場合、軍事的な懲罰を加えることも許される（と理論化されていた）。儒教の王権論における対外認識を概括すれば、以上のようになる。

この考え方は前漢末期には成立しており、光武帝もそれに依拠していた。后土を祀る儀礼を独立させたのも、その具体化である。それと時を同じくして「東夷」（『後漢書』光武帝紀の表現）の君長の一人「倭奴国王」が使節を派遣してきたのだ。厳密には、光武帝がこの朝貢を認め、その君長に王の称号を与えたことによって、彼は倭奴国王となった。おそらく、「倭奴」という漢字表記は、この朝貢の時に光武帝に提出された表文（現代風にいえば親書）に記載されていた表現なのであろう。もちろん、その現物は伝わらないし、卑弥呼や倭王武（雄略天皇に同定される）の場合とは異なり、史書は内容のあらましすら伝えていない。

光武帝政府にとって、東夷の朝貢を受けるのはこれがはじめてではない。『後漢書』東夷列伝の夫余国の条には、「建武年間に東夷の諸国はみなやってきて謁見を賜った」とある。夫余は四九年（建武二五）に、高句麗条によれば高句麗は三二年（建武八）に朝貢してきたとある。韓の条では、朝鮮半島南部は馬韓・辰韓・弁辰の三種に分かれ、計七十八国があったとする。

ただ、倭国がこれらの諸国と異なるのは、中国と地続きではない点であった。倭の条は、「倭は韓の東南大海の中にある」と始まる。つまり、倭国の特性は海を渡った先にある島嶼という点にあった。光武帝の徳はついに海を越え、地の果てにあるこの島国からも朝貢使節が来訪したのである。それが中元二年、北郊后土の祭祀を執行したのとちょうど同じ時であった。ここに、光武帝の地上制覇は成就した。先ほど、この二つの事件は光武帝の王権を荘厳する上で同じ意味合いを持つと述べたのは、こういう意味である。

ところが、その直後、二月の戊戌の日に、光武帝は皇居の南宮前殿で崩御してしまう。数え年で六十二歳。この記事は、光武帝紀で倭国奉献のすぐ次の条となっている。光武帝の治世における最後の事件、それが倭国奉献なのであった。

その後の日中外交

光武帝の時の倭奴国や安帝の時に朝貢した倭国王帥升が遠く洛陽に使節を派遣した背景には、日本列島内部の事情があったことだろう。教育界において公認されている周知の見解として、ある日本史教科書の記述を紹介する。

> これら小国の王たちは、中国や朝鮮半島の先進的な文物を手に入れるうえで有利な立場に立ち、他の小国より倭国内での立場を固めようとして、中国にまで使いを送ったものであろう(『詳説日本史B』山川出版社、二〇一三年版)。

たしかにその通りなのであろう。ただ、これが日本側の事情によるだけでなく、中国側すなわち後漢の王権のほうにも、倭国に朝貢してもらうことのメリットがあったということは記載されていない[12]。しかし、日本と中国との交流は、日本側の一方的な思惑でその歴史を刻んできたわけではない。

これは言ってみれば当たり前のことにすぎない。古今東西、外交関係とはそういうものであろうし、日本の身近なところでは、朝鮮半島の諸王朝と中華皇帝との関係もそうした経緯をたどっている［13］。日本の場合、海を隔てているからか、中国の王権を直接的な脅威と感じることがさほどなかったために、「こちら側」の事情だけで語られる傾向が強いということだろう。

その後、邪馬台国の卑弥呼の遣使朝貢は魏王朝の創設と、魏が統一王朝ではなかったという二つの事情によると考えられる。五世紀のいわゆる「倭の五王」は、中国の南北朝時代、すなわち王権並立の時代だった。南朝側の史料である『宋書』夷蛮伝に彼らの遣使朝貢が記載されている。他方、北朝に朝貢した史料はないけれども、この時期の華北王権は短命・乱立の上に戦乱などで残存史料が少ないため、倭国使節の往来が実際になかったと断定はできない。当時の倭国は案外と外交上手だったかもしれない。

南北朝が統一されると、遣隋使・遣唐使の時代がやってくる。現在でも遣隋使は朝貢ではなく対等外交だとする解釈が横行しているが、日本側の自己認識はさておき、隋から見れば紛れもない朝貢使節団だった。遣唐使も、長安の宮廷では新羅などの朝貢使節団と同列の扱いであって、「日本国王」からの表文があったと推測されている。日本側にとって、世界帝国たる唐からは、政治・文化の多方面にわたって学ぶべきものがあった。かたや唐にとっても、光武帝の時と同じく、危険な海を越えてまで皇帝の徳を慕ってわざわざやってくる「東夷」の存在は、その王権の威信を示すものだった。双方の利害は、この朝貢外交において、おおむね一致していたのである。

ところが、宋代になると、何度か朝貢の呼びかけがなされたにもかかわらず、貿易という実利だけをとって、日本国はこれをやんわりと拒絶していた。その延長線上で、蒙古皇帝フビライからの国書に返事をしなかったことが蒙古襲来を招く。明の初期には、やはり周囲の諸国に朝貢を求める政策がとられた。日本列島では九州北部にあった懐良《かねよし》親王政権のところに呼びかけがあって、当初はこれを拒んだものの、やがて通交し、引き続き室町幕府による遣明使の時代となる。これは日本国王としての国書を携えていく、紛れもなき朝貢であった。江戸幕府は清とは互市（経済関係のみの通交）を行い、政治的な朝貢は避けて明治維新に至る。

近代国家たる大日本帝国は、清と形式上の対等外交を開始した（日清修好条規）。これは西洋近代に由来する主権国家間の国際関係のルールに基づいており、以降、「不幸な歴史」はあったものの、日中関係はこの枠組みで現在に至っている［14］。

儒教的王権論による歴史認識

中国で発明された漢字は、東北アジアの文化交流圏に広まり、それぞれの国家の歴史を記録する手段となった。朝鮮半島では新羅による統一後、高句麗・百済と鼎立した三国時代の歴史書がいくつも編まれたが散逸し、現存する最古のまとまった歴史書は『三国史記』（一一四五年完成）である。

日本では、「帝紀」「旧辞」と呼ばれる記録（文字で書かれていたなら当然漢字表記）を基に、八世紀はじめに編纂された二つの歴史書が現存している。いわゆる記紀である。このうち『古事記』（七一二年完成）は、稗田阿礼《ひえだのあれ》が暗記していた内容を太安万侶《おおのやすまろ》が漢字を用いて表現したとされている。ところが、この書物には中国が登場しない。朝鮮半島の国々が出てくるにすぎない。そもそも、推古天皇【15】以降は具体的な記事内容がなくなる。一方、『日本書紀』（七二〇年完成）には、推古天皇の時の遣隋使派遣のことがきちんと記載されている。しかし、本章冒頭で紹介した、それより六百年前の倭国朝献のことは載っていない。

それだけではない。三世紀の卑弥呼も五世紀の倭の五王も、記紀には現れない。現在でも彼らの対中外交を中国側の文献史料に基づいて研究しているのは、そうした事情による。ただ、倭の五王を記紀記載の天皇と同定する研究は古くからあり、倭王武が雄略天皇だというのは、考古学的な証拠もあっていまでは定説となっている。

実は、卑弥呼については『日本書紀』編纂者たち自身が、ある人物のことであると考え、記録上の操作を行っていた。神功皇后である。神功皇后は応神天皇の母で、彼を妊娠中に夫の仲哀天皇が崩御したため、七十年間（！）にわたって政務を取り仕切っていた。『日本書紀』がこう記録した一つの理由は、彼女の活躍時期を『三国志』に載る卑弥呼およびその後継者の壱与《いよ》が魏に遣使した年代に合わせるためだった。そして、神功皇后を新羅征討の主役として描き、海外との交流を切り拓いた人物に造形したのである【16】。

したがって、中国の『三国志』と日本の『日本書紀』の両方を読んだ人たちは、この相互関係を意識せざるをえなかった。邪馬台国の所在地をめぐる論争は、「卑弥呼」なる人物をどう捉えるかという問題意識から生じている。すなわち、江戸時代の国学者・本居宣長は、現在でも「邪馬台国九州説」の開祖の一人とされているが、卑弥呼朝貢の記事を「九州の熊襲《くまそ》が勝手に神功皇后の名を騙ったもの」と解釈した（『馭戎慨言』）。なぜなら、神功皇后ともあろうお方が、こちらからわざわざ魏の皇帝に対してへりくだった態度をとるはずがないからであった。天皇は皇帝と対等同格だからである【17】。

『日本書紀』は遣隋使が持っていった国書に「東の天皇がつつしんで西の皇帝に申しあげる（東天皇敬白西皇帝）」と書いてあったとする。その根拠は『隋書』に載る有名な「日出づるところの天子」云々という表記なのであろうが、これは彼我対等の対外関係が推古天皇の時点で成立していたとするための史料上の作為である可能性が高い。倭王武（雄略天皇）の南朝に対する遣使に触れないのも、「私を倭王として認めて下さい」という外交関係が過去に存在したことを認めたくない心性に由来するものだろう。実際、『大日本史』などの江戸時代の歴史書は、こうしたことは史実としてありえないという立場にたっている。儒教的には、天皇が皇帝に対して臣下の礼をとって朝貢するのはおかしいからである。

近代になって史料批判に基づく実証史学が導入されると、邪馬台国は大和地方にあり、その女王が魏に朝貢したのだとする学術研究が登場する。京都帝国大学で中国史を講じていた内藤湖南は、邪馬台国畿内説の中心人物でもあった。所在地論争はなお決着していないけれども、現在では畿内説が優勢である。

これらの事例が象徴的に示しているように、かつて中華王朝と朝貢関係を取り結んでいたという史料上の記録は、日本国にとってあまり好ましくないものと受け取られていた。十五世紀に足利義満が「源道義」として明に朝貢して「日本国王」に封《ほう》じられた件は、日本側の記録も豊富に残っていて事実として否定できないため、「天皇の臣下でありながら僭越かつ不忠」だとして倫理的な批判の対象としていた。豊臣秀吉の朝鮮出兵についても、江戸時代末期の頼山陽は『日本外史』や別の文章の中で、秀吉が明との講和交渉の際に、明の皇帝が自分を「日本国王」にするという文面に怒った理由を、「私は天皇の臣下であり、明からそのような称号を受ける必要はない」と判断したからだとし、さらにその任命書を破り捨てたとまで記録している。

そして、近代的な外交関係、すなわち、形式上対等な主権国家どうしの国際関係においても、「朝貢」は好ましくない。儒教的な名分論（天皇と皇帝は同格）に基づく歴史の歪曲が、近代になっても政治的言説に利用されてきたのには、以上のような理由があった。

中国や韓国、台湾や北朝鮮といった、東北アジアの国々とどのように付き合っていくべきかは、日本にとって重大な外交案件である。主義主張は政治信条によって多様だし、そのこと自体は民主主義を国是とする以上、好ましい事象とすべきだろう。ただ、問題は、そうした主義主張がきちんとした歴史認識に基づいているかどうかにある。「隋と対等に渡り合った聖徳太子は立派だった」とか、「明からの屈辱的な講和条件を呑まなかった秀吉はさすがだった」といった類の言説が巷間で幅を利かせているように見受けられる事態は、人文学の研究に携わる身として憂慮にたえない。学術的な人文知が世間で広く共有されるようにするために、私たちは積極的に発信することを心がけねばなるまい［18］。

注

［1］以下、『後漢書』の訳文や内容説明については、渡邉義浩（主編）『全訳後漢書』（汲古書院、全一九冊、二〇〇一年〜二〇一六年）を参照した。また、歴代正史の倭国伝・日本伝の翻訳としては、（藤堂他、二〇一〇年）がある。

［2］なお、その後、『後漢書』には安帝の一〇七年（永初元）に再び倭国から使者が来たことを、安帝紀と東夷列伝の双方に記録している。そして、正史に記録されたその次の日中交流記事は、有名な卑弥呼の遣使（『三国志』魏書烏丸鮮卑東夷伝）となる。

［3］この史料で、年を示す「二年」と月を示す「正月」の間に、季節を示す「春」という字があるが、これは孔子の著作とされていた『春秋』の筆法に倣ったものである。王（秦以降は皇帝）は暦の制定権を持つが、その暦は自然界の運行すなわち季節に沿うものだという意味を示す表記法として、このような記載方法がとられていた。これは二十世紀に帝政が終焉するまで踏襲される、中国における歴史記録の大原則である。なお、『春秋』では「元年春王正月」のように、通常、季節と月の間に「王」字が挿入されているが、それは「季節は自然現象、月の定め方は王の権限」ということを示すものとみなされていた。

［4］現在、私たちが後漢時代の歴史記録として活用している『後漢書』は、五世紀の南朝宋の時代に范曄という人物が、それ以前に編まれた史書を改訂して編纂した書物である。これ以前の史書（全部で七種類あったらしいので「七氏後漢書」と総称されている）はすべて散佚《さんいつ》したために、私たちにとって最古の史料はこの范曄『後漢書』となる。なお、陳寿『三国志』より新しい書物であるため、『後漢書』東夷列伝に載っている卑弥呼の記事は『三国志』などからの節略転載だと考えられ、そのため史料としては『三国志』のほうが尊重されている。

［5］厳密には、この新年号は「建武中元」という四文字であった。『後漢書』光武帝紀は単に「中元」としているが、東夷列伝のほうは「建武中元二年」とする。『後漢書』の他の箇所も四文字である。

［6］封禅の準備経過および実施内容については、『後漢書』祭祀志上の封禅の条に詳しい。それによると、建武三十年に群臣が在位

三十年を記念して封禅するように勧めたことから準備が始まっている。なお、范曄は志を編まずに終わったため、宋代以降、『後漢書』の志はすべて司馬彪『続漢書』を用い、本紀・列伝とあわせて通行させている。

【7】このあとは、唐の高宗・則天武后・玄宗、宋の真宗の、わずか四人が封禅したにすぎない。なお、その後の帝王が封禅をしなくなった理由については、以前論じたことがある（小島毅「天道・革命・隠逸――朱子学的王権をめぐって」二〇〇二年）。

【8】「図」については、『論語』子罕《しかん》篇に孔子の語として「鳳鳥不至、河不出図、吾已矣夫（瑞兆とされる鳳凰や河図が現れて寿《ことほ》いでくれることがない。私はもうおしまいだ）」とあるのと同じものと解釈されている。ただし、これも後漢以降の『論語』解釈の中でそうなったにすぎず、原意かどうかわからない。

【9】明堂は緯書では『孝経援神契』にその建築構造が記載されている。ただ、語それ自体としては『周礼』考工記や『礼記』明堂位篇など、緯書以前からあったと推測される書物にも見え、王者が諸侯を集めて儀式的に政務を執る場所とされる。霊台は、『礼含文嘉』に天体観測施設として登場する。辟雍は、『礼記』王制篇にも見えるが、その目的や形状を解説しているのは、緯書の説などをふまえて儒教の正統教義を定めた『白虎通』である。現存する緯書にその記述はないが、『白虎通』の性格から考えて、当時そうした見解が緯書に示されていたと推測できる（戸川芳郎「「礼統」と東漢の霊台」一九八四年）。

【10】『全訳後漢書五』（二〇一二年、九九～一〇六頁）に、中国社会科学院がまとめた、『漢魏洛陽故城南郊礼制建築遺跡　一九六二～一九九二年考古発掘報告』（文物出版社、二〇一〇年）の考古学的成果を引く。

【11】儒教の王権論では、統治者は二つの性格を併せ持つとされた。天子と皇帝（周以前は「王」）である。天子とは天命を受けて人間社会を統治する者の謂いであり、皇帝とは基本的には世襲によって地上を支配する者の謂いであった。祭祀における自称でも、天や地の神々（天神地祇）に対しては天子、皇室の祖先など元は人間であった神々（人鬼と呼ばれる）に対しては皇帝と名告《なの》る決まりであった（小島毅「天子と皇帝――中華帝国の祭祀体系」一九九一年）。

【12】安帝については次の事情があったと考えられる。すなわち、彼は章帝の孫、和帝の甥で、実父は帝位に即いていない。和帝の後継者であった殤帝（殤は夭折という意味）がわずか二歳で崩御したため、十三歳にして傍系から即位した。そして、即位から十四カ月後、一〇八年（永初二）の十月に倭国王の帥升が遣使奉献してきている。ここでは、光武帝の時のように王権の威信の完成ではなく、王権の危機的状況を未然に防ぐ意味で、この少年皇帝の徳を慕ってはるばる海を越えてきた朝貢使節が利用されたように見える。

【13】たとえば、新羅は百済や高句麗との対抗関係から唐に積極的に朝貢し、その歓心を買った。唐のほうでも高句麗を挟撃するために新羅を優遇した。ところが、百済・高句麗が滅亡して新羅が半島の覇者になると、両国関係は緊張している。また、高麗は逆に、

二人の中華皇帝、すなわち初期には遼と宋、後には金と宋との対抗関係を利用しながら朝貢を行っている。

[14] 朝鮮半島では、高麗が注［13］の時代のあと、蒙古の猛攻を受けて降伏する。明が興ると半島でも王朝交替が生じて朝鮮となり、儒教的な皇帝と王との関係として中国（明・清）に朝貢を続けた。大日本帝国はこの伝統的な国際関係を近代西洋流の論理で破壊し、ついに一九一〇年、「大韓帝国」を併合する。

[15] もっとも、歴代天皇にこのような漢風の諡号《しごう》を付けたのは八世紀後半のことなので、記紀では天皇はすべて和風諡号で呼ばれている。

[16]『古事記』も新羅征討を描くが、『古事記』は年代表記をしないうえ、中国が姿を見せないから、太安万侶らがどう考えていたかはわからない。

[17] 神功皇后は記紀において天皇なみに扱われ、伝統的に天皇代数にも勘定されていた。彼女が皇統譜の代数からはずされるのは、明治時代になってからである。

[18] 羽田正編『東アジア海域に漕ぎだす1　海から見た歴史』（二〇一三年）は、三つの時期を象徴的に取り出して東アジア海域における交流の諸相を俯瞰的に描いた試みである。

参考文献

小島毅「天子と皇帝——中華帝国の祭祀体系」、松原正毅編『王権の位相』（弘文堂、一九九一年）
小島毅「天道・革命・隠逸——朱子学的王権をめぐって」、網野善彦・樺山紘一・宮田登・安丸良夫・山本幸司編『宗教と権威』（岩波講座「天皇と王権を考える」四、岩波書店、二〇〇二年）
藤堂明保・竹田晃・影山輝國（訳）『倭国伝——中国正史に描かれた日本』（講談社学術文庫、二〇一〇年）
戸川芳郎「「礼統」と東漢の霊台」、安居香山編『讖緯思想の綜合的研究』（国書刊行会、一九八四年）
羽田正編『東アジア海域に漕ぎだす1　海から見た歴史』（東京大学出版会、二〇一三年）
渡邉義浩・池田雅典編「志三　祭祀」『全訳後漢書五』（汲古書院、二〇一二年、九九〜一〇六頁）

初出は熊野純彦・佐藤健二編『境界と交流』（「人文知」3、東京大学出版会、二〇一四年）所収。東京大学文学部の教員たちが各自の専門領域から発信した、人文学全般にわたる論集である。本稿での『後漢書』光武帝紀の記載順序への注目は、自分では創見だと思っているのだが、遺憾ながらいまのところ反響がない。

中華の歴史認識──春秋学を中心に

中国の正式国名は中華人民共和国である。台湾には中華民国を名告《なの》る国家も存在している。それぞれの英語名称はPeople's Republic of ChinaとRepublic of Chinaで、漢字表記「中華」に当たる箇所はChinaとなっている。Chinaは古代王朝の秦（Ch'in, Qin）に由来する名称とされ、漢字を用いない地域で中国を指す場合に広く用いられた。「支那」という語も、仏教文化圏でのこの呼称を、かつて中国人自身が異国人からそう呼ばれているとして漢字で音訳表記したものである[1]。「支那」がChinaと呼ばれるのは、Japanが日本の中国南方での発音がなまったZipangに由来するのと、この意味で似ている。

現在、朝鮮半島に並立する二つの国家、大韓民国と朝鮮民主主義人民共和国は、それぞれの自民族についての歴史認識上の相違から、固有名として一方は韓を選び他方は朝鮮を選んでいる。ところが、英語表記ではどちらもKoreaを称している（Republic of KoreaとDemocratic People's

Republic of Korea)。これは高麗（Goryeo）という王朝名に由来する。漢字を用いない地域の人たちのほとんどはこのことに無頓着であろうが、両国が英語ではともに「高麗国」と称しているのに、漢字およびそれを音で表記する彼らの民族文字ハングルにおいては、「韓国」か「朝鮮国」かという相違があるわけだ。

　これと比較した場合、英語表記を直訳した場合の「支那国」が、分裂する二つの政府ともに自国の文字（すなわち漢字）で「中華」を称していることは興味深い［2］。固有国名としての中華とは何なのか。そこには彼らの自己認識が表れている。本章では中華という語をめぐる「中華の国」の歴史をたどってみる。

中華の歴史的形成

　中華の類義語に中夏・華夏・中国などがある。現存する古典籍の中で最初に登場するのは「中国」で、『詩経』生民《せいみん》篇や『書経』梓材《しざい》篇といった経書にも見える。「華夏」も『書経』武成《ぶせい》篇に見え、唐の初め、七世紀の注解（孔疏）では「華夏を中国とする」という。「中夏」は「（季節としての）夏のなかば」という意味では前漢の文献（『淮南子《えなんじ》』説林訓《ぜいりんくん》や『周礼《しゅらい》』夏官大司馬《かかんだいしば》）にも見えるが、ここで議論している語義での用例は後漢初期の一世紀の人、班固の「東都賦」に登場するのが最古のようである。この賦を収録する『文選《もんぜん》』の、唐初に作られた注釈（呂向《りょきょう》注）では「中夏は中国」としており、先の華夏同様、中国という語で置き換えて説明している。

このことから推察されるのは、これらの中で唐代には中国という語が最も一般的で、同義であることを示す場合の述語として他の語を説明するための語として使われていたということである。「中華」の場合にも、唐初に編纂された律におけるこの語について、『唐律疏義《そぎ》』に「中華とは中国である」という。ここでも説明対象（中華）に対する説明用語として「中国」が用いられている。『唐律疏義』はさらに続けて、「親しく王の化を被って自ら中国に属し、衣冠や威儀のありさまが整い、孝や悌が習俗として根づき、礼や義が個々人に浸透している状態をもって、中華という」と解説している。すなわち、領域的に「中国」の中にあり、かつ儒教が重んじる倫理道徳が実現している社会を「中華」と称するというのだ。

日本では、高校で教えられる日本古代史の事情等によって、唐という王朝国家が律令体制であったと見なす傾向がある。しかし、厳密にいえば、律令よりも重要なのは礼であった。すなわち、律や令という法典には、それらの背景をなす理念として、当時の儒教が構想していた礼による統治という考え方が存在しており、律の刑罰体系もこれに即して定められていたのである。律における「中華」の語は、前掲の疏義が礼という語を用いて説明しているように、単に領土の範囲を示す空間的・量的な概念ではなく、そこに暮らす人々の生活規範のありようを含意する、価値的・質的な語彙なのであった。

「中華」という語の初出は、唐に先立つ六朝《りくちょう》時代であるが、さきほどの類義語三つ（中夏・華夏・中国）が漢代には使われていたのに比べると、その登場は遅れる。これは現存文献の中でのことなので、必ずしも「漢代に中華という語は無かった」という結論を導くわけではないが、それでも他の語に比べて晩出だったとはいえるだろう。漢代の「大一統」（後述）の下では、「中」字と「華」字とが結びついた「中華」は使われていなかった。北方異民族（華・夏に対して漢字で夷・胡と称された人々）が黄河流域（古来、中原と呼ばれてきた地域）という文明中心地（すなわち中夏・華夏・中国）を制圧して国家を建設し、漢民族（と私たちが呼んでいる人々）の一部が大量に南方に移民して建康（いまの南京）に王権を戴きこれに対抗したのが、六朝時代（二二二〜五八九）であった。

六朝とは南京に都をおいた六つの王朝（呉・東晋・宋・斉・梁・陳）の総称である。厳密には呉の時代の黄河流域は曹氏の魏が支配し、四川地方の蜀（これは他称で、自称は漢）と鼎立する三国時代であるし、その滅亡後、西晋による統一王朝復活の時期が約四〇年（二八〇〜三一七）存在している。そのため、現在の学術用語としては魏晋南北朝時代という呼称のほうが優勢だが、本章では漢民族の歴史認識として北方に野蛮人が侵入していたと見なす発想を如実に示すものとして、あえて六朝のほうを用いる。

要するに、中華とは、六朝時代の南方（長江流域）で、かつての中心地帯（黄河流域）を領域的には喪失しながらも、民族的・文化的には漢王朝の正統な後継者であると自称する連中が、単なる領域概念とは区別される民族的・文化的な意味合いで使用するようになった語彙だということが想像できる。さきほどの『唐律疏義』の解説文は、再び統一帝国を造りあげた唐の政府が、あらためてその時点で自らの正統性を強調するための文言だった。

ただ、ここで注意しておきたいのは、唐は六朝（南朝）の系譜を引いていないということである。唐の皇室李氏は、出自としてもともと漢民族ではなかったとされる。彼らは自分たちの祖先は老子（李耳《りじ》）だとし、かつ、西涼（四〇〇～四二一）という、敦煌（のち酒泉）に拠点を置いていた独立王国の王家の血を引くとしていた。老子が晩年、西のほうに旅して消息不明になった伝説を活用したものである。しかし、この系譜は虚構であり、北朝の北魏（三八六～五三四）に仕えた武将で同じ鮮卑族だったというのが現在の定説である。

李淵（高祖）は隋の大臣を経て皇帝に即位し、唐王朝を創建した（六一八）。もっとも、この時点では隋の皇室楊氏同様、「もともとは漢民族だったのだが、北朝時代にやむをえず異民族に仕え、その風習に遵《したが》っていた」という自己弁護に基づく歴史を捏造し、自分たちが偉大な漢王朝に匹敵する大帝国を建設することの理論的根拠とした。そして、隋が軍事的に征服した陳を南朝最後の王朝として歴史上は丁重に扱い、「六朝」という概念を創出したのである。

そのため、唐では正史として、自らが属する北朝系の『北斉書』『北周書』『隋書』とともに、南朝系の『梁書』『陳書』を編纂して双方を並列させた。『隋書』の志の部分は本来「五代史の志」としてこれら五書全体に共通するものとして編まれており、その記述に南北両朝間での格差はない。そもそも、正史の編纂事業を官僚機構の文教部門に正規のものとして位置づけ、王朝政府自身が編纂する歴史書としての「正史」概念を確立したのが、唐初のこの五代史編纂事業においてであった。『隋書』経籍志《けいせきし》における書目分類で史部の冒頭に「正史」という部立てが設けられ、以後、史書の典範となる。唐代には、『北史』と『南史』という一対の史書も編まれている。

つまり、唐は自身の源流とは別に、中華の正統を自認していた南朝を大事に扱い、そうすることで漢の後継者として振る舞おうとしたのである。儒教の学術上も、南朝の経典解釈学のほうをむしろ重視して有名な『五経正義』を編纂したことが指摘されている［3］。

ただし、一方で、唐は漢族以外の政治勢力に対しては、北朝以来の非漢族王朝の君主としても振る舞った。その象徴的事例が、太宗李世民が西北諸民族の王たちから推戴されたという「天可汗《てんかがん》」の地位である（『新唐書』巻二「太宗紀」）。これは西北諸民族を束ねる君主の称号であり、漢族向けの儒教的な「皇帝」号とは別原理である。ただし、「天」は北方民族が神格化して崇める天空（tengri）を漢字表記したもの、「可汗」（Qaγan）はトルコ系国家の君主号を音訳表記したもので、意訳では「皇帝」と書かれていた。つまり、「天可汗」号は儒教における君主号、すなわち天命を受けた天子と地上の統治者たる皇帝と実は同義なのであり、そのことが胡漢双方にまたがる普遍的な君主として唐を荘厳化する装置となっていた。

ここにおいて、「中華」は「衣冠威儀」といった個別具体的な漢民族としての徴表と結びついて、唐の漢族統治の正統化論拠のための語彙となり、漢字による発想ではその中華の外に広がる夷狄《いてき》の世界をも天可汗として束ねる唐――この王朝名称も漢字文化的なものにすぎないが――という王朝の一部として機能することになったのである。そもそも、五経正義や律令が通用するのは、儒教的な文化が浸透している（もしくは浸透すべきだと観念された）中華だけであり、都護府などを設けて間接統治していた西方・北方の領域については該当しない。中華とは、この語彙が漢字表記されているということ自体が示しているように、漢字・漢文が通行する範囲（先記唐律のいう「中国」）のことであった。

唐の衰亡と宋代朱子学の登場

唐の帝国体制は八世紀なかばの安史の乱によって大きく変質する。すでにそれに先だって西域方面での唐の威信は揺らぎ、また吐蕃（チベット）の勃興によって軍事衝突も生じていた。安史の乱の中心人物、安禄山・史思明自体、ソグド人であったわけだが、この乱を平定することに辛うじて成功したものの、唐の中央政府にはもはや多くの異民族を付き従える天可汗としての威厳はそなわっていなかった。

唐の後半百五十年間は、漢族官僚たちによる行財政改革と地方藩鎮統制の営みの連続だった。中華という概念は、六朝時代同様、再び自他を峻別するためのものとなる。たとえば、財務官僚としても有能だった杜佑の『通典《つてん》』という書物は、過去歴代の国制の変化を具体的に項目別・時間順に整理した書物であるが、その中で最大の分量を費やしているのは「礼典」であった。そこでは、王朝の祭祀・儀礼が儒教の教義上いかなるもので本来あるべきか、そしてその沿革がいかなるもので、折々にいかなる論争があったかを網羅的に整理している。中でも六朝時代、とりわけ南朝の礼制について豊富な史料を遺してくれており、現在の研究でも史料として重宝されている。その中で中華という語が特記されているわけではないけれども、そこに集積されているのは安史の乱の後、唐を中華として再建するために参照すべき過去の記録群であった。

杜佑の死後百年近く、唐王朝は十世紀初頭まで命運を保つ。そして九〇七年に朱全忠によって最終的な簒奪がなされたあと、五つの短命王朝、総称五代をはさんで、宋代（九六〇～一二七六）となる。宋朝三百年間は、終始、北方異民族王朝の強大な軍事力の脅威を感じざるをえない時期であった。遼（契丹）・金（女真）・元（蒙古）それに西夏（党項）と対抗しながら、宋朝を担う科挙官僚（士大夫）たちは、尊王攘夷思想を発展させた。

尊王・攘夷はいずれも儒教の経典にして魯国の年代記である『春秋』に、孔子がこめたとされる微言大義《びげんたいぎ》（文章の微妙な言いまわしの奥に重要な意図が潜んでいること）によって示唆されていると解釈された思想である。本来の正しい王を守り立て、野蛮な異民族を追い払うというのがその趣意であった。宋が直面していた厳しい国際環境は、宋代の人士たちに自分たちの皇帝が中華文明の護持者であるという虚勢を張らせるように仕向けるものだった。「華夷の辨《べん》」（辨は区別の意）が彼らの課題となり、「中華はいかにして中華なのか」が論じられた。儒教倫理である君臣の義や男女の別をことさらに強調する思潮が生まれるが、その主因は、夷狄にはそれらが欠けているという自他弁別の意識にあった。その集大成として朱子学が登場する。

朱熹（一一三〇～一二〇〇）によれば、君主と臣下や男と女の間の上下関係は、漢民族の民族性を示す特殊な慣習・慣行といった類のものではなく、この宇宙を成り立たせている原理と整合的な、世界全体に普遍的な倫理規範である。それにきちんと遵っているのが中華の人間、遵わないのが夷狄・禽獣《きんじゅう》であり、両者は私たち現代人が異文化と呼んでいるような並列関係にあるのではなく、道理に則っているか否かという優劣関係にある。かりに、現在の思想環境で喩えるならば、中華と夷狄の関係は、「基本的人権」を認める社会と認めない社会、「科学的真理」を受け入れる社会と（宗教上の理由などで）受け入れない社会、といった類の、価値的な上下関係にあると朱熹は考えていた。

したがって、問答無用で前者が善、後者は悪であり、善なる道徳を掲げる宋王朝こそが中華の正統王朝であることになる。軍事的には、宋は前掲した対立諸王朝より劣勢で、それゆえ両国間の外交儀礼では格下の扱いを受けることもままあったが、そうした政治状況にあってさえ、宋の士大夫たちは文化的な優越感たる中華意識を保ち続けた【4】。漢や唐のように、周辺諸国の目から見ても堂々たる世界帝国だったわけではないにもかかわらず、また、遼の存在によって厳密な意味での統一王朝ではないにもかかわらず、宋が正統王朝と見なされるのはそのためである。

つまり、より正確にいうならば、宋代に形成された歴史認識の枠組みがその後も通用したがゆえに、宋は立派な中華王朝として語られることになったのである。この枠組みはいまなお、中国でも日本でも通用している。遼と対立していた北宋もさることながら、かつての南北朝時代とほぼ同様の領土分断状況になった南宋と金との関係でさえも、中国史という枠組みでは宋のほうを中心にしてとらえるのが普通である。

南北朝時代における両朝並立という客観的事実について、南朝のほうが中華であるからという理由で南朝を正統王朝と認定する史観も、宋代に確立した。唐が双方を正史に組み込んでいたのとは対照的である。さらに、朱熹にいたって、三国時代においては、劉備の蜀（正式には漢）が正しい王朝で、魏は漢に対する簒奪者であるとする道義的な判断を下す。こうして、王朝交替の歴史は道義性の有無をめぐる観念遊戯の対象となった[5]。司馬光『資治通鑑《しじつがん》』が魏を正しい王朝とする立場から「諸葛亮入寇」と記録していた事件が、朱熹によって蜀による正義の戦争として「征」と書き改められる。もちろん、「寇（侵攻）」と「征（進攻）」とは、同じ事件をどちらの立場から描くかというだけの、しかし、それゆえに春秋学的には重大な、微言大義の相違であった。

さらに一歩を進めて、孔子・孟子の教説が正しい内容としては伝わらず、そのために君臣・父子・夫婦の大倫に反する事件がしばしば生じた秦漢以降は、すべて暗黒時代と見なされることにもなった。暗黒を脱して正しい教えを回復したのは北宋中期の儒学者たちの功績であり、その時点で再び道理が明らかになったとする（道統説）。この点からしても、遼や金ではなく、宋こそが中華の王朝であるというのが朱熹の論理だった。

ただ、こうした朱子学の理論は朱熹が一人で創りあげたものではない。彼に先行する約百年間の、宋代における新しい儒学思潮の結晶としてとらえるのが適切である。すでに宋代において、その運動の当事者たち自身が、その始まりを十一世紀のなかばに置いていた。政治的には范仲淹《はんちゅうえん》率いる慶暦の改革（一〇四三）が、文化的には同世代の欧陽脩《おうようしゅう》の幅広い活躍が、その画期とされる。次に、この時期を象徴する著述として、中国思想史の専門家以外にはほとんど知られていないと思われる、宋代春秋学の礎を築いた孫復《そんふく》『春秋尊王発微《しゅんじゅうそんのうはつび》』について紹介しよう【6】。

孫復『春秋尊王発微』

中国における王朝交替と国都位置の関係について、妹尾《せお》達彦は、唐宋変革を境に東西軸から南北軸への変化が生じたことを指摘する【7】。すなわち、東西軸は周における鎬京《こうけい》と洛邑《らくゆう》との関係に始まり、それを引き継いで秦・前漢の長安（咸陽《かんよう》）と後漢・魏の洛陽とがそれぞれ都に定められた。晋では洛陽（一時期は長安）が都とされたが、北方異民族の侵入により建康（いまの南京）への避難的な遷都がなされる。この移動は地理的には南北の関係に見えるが、洛陽時代を西晋、建康時代を東晋と呼称するその名付け方に、東西軸が意識されていたことが反映している。いわゆる南北朝時代に、当事者たちも南と北の対立という関係を意識していたけれども、都の位置関係は理念的に東西軸で処理されたのである。北朝の系譜を引く隋は長安を都とし、唐では基本的に長安を首都としつつも洛陽を副都として扱い、則天武后期や王朝末期には洛陽に政府が置かれた。この長安〜洛陽軸（東西軸）が唐までの基本線であるとする。

これに対して、宋代以降は南北軸が基本になるという。すなわち、宋は洛陽ではなくその近くの開封《かいほう》に都を置いて洛陽を副都待遇とした。北には遼があって、現在の東北地方に都を置いていた。その後、金の侵入で南宋は杭州を臨時首都（行在《あんざい》臨安府）とする。金は開封の他中都（現在の北京）を都としており、これを継承して元は大都を建設する。明は当初は南京を首都としたが、永楽帝が北京に遷都し、以後、清、そして民国初期（袁世凱時代以降）まで継承される。一方、南京は民国極初に孫文政権が首都とし、蔣介石の北伐成功後に北京からの還都を実現した。毛沢東は北京において人民共和国成立を宣言して現在に至っている。南京と北京との関係を中核とする南北軸が、近一千年間の中国の都の位置関係を律していると、妹尾は論じている。

妹尾はこの現象を、中国領域の拡大と相即してとらえる。唐以前はいわゆる中原に鹿を逐《お》う時代であり、黄河流域の長安〜洛陽軸が王権の所在地として意識された。これに対して宋代以降の王朝交替には漢族と北方民族との抗争が絡んでおり、漢族王朝の宋・明・民国が南に、北方民族出自の遼・金・元・清が北に都を置く。とくに北京の位置は農耕定住の漢族と遊牧狩猟民族の生活圏との接点に位置していることに意味があるとする。

以上、妹尾の所説をやや詳しく説明したのは、この指摘が彼ら自身の歴史認識とも響き合うものだからである。すなわち、唐までの王朝交替原理であった五徳終始説は、チャイナプロパー（China proper）たる中原の地に収まる範囲で生じていた【8】。五胡十六国の中原進出は北方民族が漢族の生活圏に王権を樹立した事件であったが、そこでの王権の成立は禅譲《ぜんじょう》方式ではないにもかかわらず五徳終始によって説明され、劉淵《りゅうえん》の漢（のちに趙）や符堅の秦は晋に代わる水徳とされた。最終的には鮮卑族の北魏が水徳を称して晋の継承者とされ、北斉・北周（いずれも木徳）、隋（火徳）、唐（土徳）と禅譲方式により引き継がれる。以上、唐までの北朝系諸王朝の君主たちは、いずれも非漢族の男系ＤＮＡを有しているとされるものの、その王朝交替論理は漢代に誕生した五徳終始説を採用しており、その意味で漢の文明圏に属するものだった。

これに対して、宋遼対立以降の中国史は、より尖鋭に漢族と北方諸民族との対立を軸とするようになる。宋の王家である趙氏は、五代諸王朝に仕える武人の家系であった。したがって、純粋な漢族ではなく、北方民族の血が混じっている可能性も考えられる。しかし、彼ら自身は自分たちが漢族であることを強調し、遼やその後援を得ていまの山西省に盤踞《ばんきょ》する北漢を軍事的に斥けて中原の地を完全に制覇することを、自分たちの使命だとした。そして、彼らに仕える科挙官僚たちが、この趣意に沿って、歴史を中華文明護持のための闘いとして再構成し、宋が正統な王権であって遼よりも優越することを宣言した。

それが尊王攘夷思想であった。尊王攘夷とは、もともと漢代に春秋学の中で育まれた概念である。孔子が『春秋』にこめた微言大義の眼目として、孔子のころに衰えていた周の王権を尊重し、その伝統文化を擁護するために夷狄を中国域外に追い払う思想を見いだそうとする解釈である。同じ春秋学でも、夷狄が王の徳に化して中国文明の成員となり、そうすることで天下太平が実現するという「大一統（一統をとうとぶ）」という立場があった。両者は必ずしも相容れないものではないが、異民族を排除するか取り込むかという点の相違を顕在化させた場合には、相対立する考え方となる。大一統は公羊学《くようがく》、攘夷は穀梁学に特徴的だとされ、渡邉義浩によれば、両者のこの主張の相違が政治情勢に対応しており、前者は前漢最盛期（武帝・昭帝期）に、後者は前漢衰退期（宣帝期）に主流になったという［9］。

宋代の尊王攘夷思想も、漢代以来の経学《けいがく》伝統を継承しており、まったく新しいものが誕生したわけではない。しかしながら、その立論は単純に穀梁学を継承するものではなく、左氏伝も含めた春秋三伝の枠組み自体を再検討し、孔子の真意を自分たち独自に探ろうとする営みであった。この点で、春秋学と限らず、宋代の経学全体に見受けられる特徴を見せている。

宋代春秋学の開始を宣言する書物が、その名も『春秋尊王発微』全十二巻であった。全十二巻なのは、『春秋』が魯の君主十二代の年代記であることによるもので、春秋注釈書としては古来しばしば見られる形式である。「発微」とは、孔子の微言を読者にわかるように示すという意味であり、尊王思想の深意を明らかにすべく著されている。著者は孫復（九九二～一〇五七）といい、范仲淹・欧陽脩らと交友関係にある人物だった。

『春秋尊王発微』は開巻劈頭《へきとう》、「孔子が『春秋』を作ったのは、天下に王がいなくなっていたから作ったのだ」と始まる（巻一）。これは『春秋』がなぜ隠公という魯の君主の時代から始まっているのかという、春秋学古来の問題に対する一つの解答であった。隠公という人そのものに意味があるという答案（隠公が賢者だったからとする好意的理由や、弟に暗殺されることになるからという悲観的理由など）とは異なり、彼の治世が周の平王の治世の終わりであったからだとする見解である。平王は西方異民族の侵入で鎬京が陥落した事件を受けて、洛邑に遷都（東遷という）してきた中興の主である。しかし、結局西方の回復はならなかった。孫復はそのことをもって、孔子がここに歴史上の一大画期を見いだし、既存の魯の年代記のこの時点から『春秋』を始めることにしたと解釈するのである。

『春秋』は西狩獲麟《せいしゅかくりん》（魯の哀公のときに伝説の霊獣麒麟が突如現れて捕獲された事件）の記事に終わっている（『春秋左氏伝』のみ、孔子の死をもって経文を終え、哀公の死をもって伝文を終える）。孫復はこの記事を悲しむべき事件ととらえる側の解釈に与し、「獲麟にいたって中国の政治はことごとく夷狄が制御するようになってしまった」としたうえで、以下のように『春秋尊王発微』全体を結んでいる（巻十二）。「春秋は天子を尊び、中国を貴ぶ。中国を貴ぶので夷狄を賤しみ、天子を尊ぶので諸侯を黜《しりぞ》ける。天子を尊び諸侯を黜けるとは、隠公元年に始まるのがそれに当たる。中国を貴び夷狄を賤しむとは、獲麟に終わるのがそれに当たる。ああ、その意図は微《かすか》である、その意図は微である」と。

宋代の春秋学

孫復が春秋学を修めるに至った経緯については、魏泰という人の『東軒筆録』巻十四に、次のような逸話を紹介している。魏泰は王安石やその後継者の一人章惇《しょうとん》と親しく、いわゆる新法党（王安石が主導した改革政治を担った党派）に属する人物であった。ただし、『宋元学案』には立伝されていない。なお、これと同じ逸話は楊彦齢の『楊公筆録』にも収められ、『宋元学案』ではそこからの引用として紹介されている。楊彦齢は『東軒筆録』から転載したものと考えられる。

魏泰が伝えるところによれば、孫復は三十歳代のなかばに至ってなお困窮していたが、范仲淹にその才能を見いだされ、経済的援助を与えられるとともに『春秋』についての知識を伝授された。孫復は昼夜をおかず勉学に励み、後に春秋学者として大成して都に招聘されるに至ったという。この逸話については、『宋元学案』巻二「泰山学案」（孫復を開祖とする学派を紹介する篇）でも紹介されるが、編者の全祖望が范仲淹・孫復両人の年齢関係などから事実かどうか怪しいと疑いを差し挟んでいる。年齢関係については全祖望の誤解らしいけれども、史実ではないとする推察は正しかろう［10］。というのは、范仲淹については同様に、張載に易を学ぶことを勧めたとする逸話が伝わっているからである。

張載は程顥《ていこう》・程頤《ていい》兄弟（いわゆる二程子）と縁戚関係にあって親しく、思想的にも道学形成期に活躍した人物として知られている。朱熹は周敦頤《しゅうとんい》が孟子死後千四百年にして復活させたとする「道統」に連なる一人に、張載を数えている。そのため、張載の著作・語録は後世の朱子学者たちに読み継がれて大きな影響を与えた。張載は西夏との国境に近い長安の出身だったこともあって軍事に興味をもち、二十一歳のときに范仲淹の下にやってきた。范仲淹は一目で彼が逸材であると見抜き、「儒者は兵学ではなく名教の学習にいそしむべきだ」と諭して『中庸』の学習を勧め、張載を儒学の道へ誘ったとされる。この話柄は朱熹『五朝名臣言行録』によって広められ、『宋史』の彼の伝（巻四百二十七「道学伝」一に立伝）でも特記されている【11】。張載の中庸研究が范仲淹の慫慂《しょうよう》による成果だというのは、すでに宋代において広まっていた話柄なのである。なお、現存する張載自身の文章に、范仲淹からのこの恩義に言及する内容はなく、したがってこの逸話はおそらく歴史的事実ではない。

張載の例から推測されるのは、范仲淹が孫復に春秋学を授けたとする伝承もまた、事実ではなく、当事者たちの死後に作られた「おはなし」であろうということである。ただ、このての逸話はしばしば単に事実ではないという理由で葬り去るには惜しい真理を宿している。この逸話の場合も、その主題は、孫復が宋代春秋学の開祖となることができたのは、元をただせば范仲淹の眼力によるものだったということである。それは、朱子学における重要人物張載が易を中心とする儒学の研鑽に励んだのは范仲淹の指導の賜物であるとするのと、同じ構図をもっている。范仲淹は慶暦の改革と先憂後楽の標語をもって宋代士大夫の精神的指導者として偶像化された人物だった。孫復や張載は、その范仲淹に素質を見抜かれて大成したことにするのが、これらの逸話の意図であった。孫復が范仲淹の指示で春秋学に志したということは、つまり、宋代春秋学を興したのは実は范仲淹であったということになる。これは史実ではないわけだが、宋代の人たちの語りの中ではこう伝承され、そして定着していった。

一般に、王安石の学派では春秋学は軽視されたといわれている。科挙試験において、五経（易・書・詩・礼・春秋）から『春秋』をはずし、代わりに礼を『周礼』と『礼記』の二種とした。すなわち、『春秋』を『周礼』に代えた。王安石の発言として、「『春秋』は断爛朝報《だんらんちょうほう》（＝官報が断片的に伝わっているだけ）にすぎない」と酷評したとも伝わっており、これまた歴史的事実ではないと思われるのだが、事の真相を衝いた逸話として後世の学者たちから「新法党は春秋ぎらい」と表象された。その新法党に属する魏泰が孫復と范仲淹にまつわるこのような逸話を記録伝承しているのは、はなはだ興味深い。

この逸話における孫復は、決して「断爛朝報」を詮索する無用の学問を修めた人物として揶揄の対象になっているわけではない。そうではなく、理想的士大夫であった范仲淹の薫陶を受けて『春秋』にこめられた孔子の微言大義を究明することを志した人物として好意的に描かれている。『春秋尊王発微』は、政治的・党派的な対立を超えて、宋代士大夫たちの高い評価を得ていたのである。

佐藤仁は、「宋王朝が、夷狄の勢力を排除してほぼ六百五十年ぶりに樹立された漢民族の統一王朝」だったために、唐の韓愈《かんゆ》の場合とは異なって「尊王攘夷の主張、さらにいえば民族主義・国粋主義の主張は、誰に遠慮することなく存分に発揮することが可能になった」と、孫復の立場を位置づけている（『宋代の春秋学』研文出版、二〇〇七年）。「六百五十年ぶり」とは西晋が北方民族の侵入で亡びたときからの年数であり、先述したように、たしかに唐のような非漢族的要素を強くもった王朝とは異なる体制が、孫復の生きた宋代の特徴だった。

ただし、私はこの佐藤の見解に若干の修訂を試みたい。それは、「統一王朝」というのが宋代士大夫たち当事者の主観的主張にすぎず、実態は遼や西夏のような異民族王朝の存在を認知し、また軍事的には劣勢にあることも承知していた者たちの「強がり」だったということである。そもそも、「漢民族」ということの強調が、彼らの自己正当化を示している。宋は実際に「漢民族の統一王朝」だったわけではなく、自分たちが漢民族（彼らの用語では「中国」）であり統一王朝であることを僭称することで成り立っていた。

これは「宋は漢民族王朝ではなかった」という意味ではない。「中国」という語を強調し、自分たちの君主を天子＝皇帝として推戴することで、自分たちの「夷狄を賎しみ諸侯を黜ける」立場を孔子自身のものとして措定する作業がなされたのである。これが孫復に始まる宋代春秋学が尊王攘夷を前面に押し立てる思想として結実していった所以ではなかろうか。

宋代の士大夫たちにとって、中華は正の価値をもった、護るべき文明のことだった。そのためには、現実問題として夷狄との峻別が必要だった。もちろん、彼らに夷狄と名指されているのは、遼にせよ金にせよ、たしかに非漢族の要素を強く持った王権だった。だが、遼や金にしてみれば、自分たちは単なる夷狄ではないのであり、唐文明の後継者である点では宋に遜色ないはずであった。宋と遼・金との関係は、まったく異なる原理を擁する異文明間の対峙ではなく、唐文明の後継者争いだった。宋人はこの争いに、彼ら自身が工夫して新調した春秋学をもって臨んだ。その標語が尊王攘夷なのである。

宋代に尊王攘夷思想が普及浸透したのは、彼らがもつ危機感ゆえである。すなわち、「実際には相手方が優位にあることを認めたくない」という心性に基づいて、一見劣位にある自分たちが実は文明的に優位にあるということを証してくれる理論に飛びついたとでもいおうか。だが、現実の国際関係においてこの理論は通用しない。宋は遼・金に対してはもとより、高麗や日本など、儒教的価値観を共有する他の国家に対しても、強圧的な外交を行うことはできなかった。ただ名分上、自分たちが中華の正統王朝であることを認めさせ、それによって矜持《きょうじ》を保とうと図る程度だった。

しかし、皮肉なことに、テムジン（チンギスハン）がモンゴル諸部族を糾合して王権を構築し、その子オゴタイが金に代わって華北を統治するようになると、「大蒙古国」は中華王朝として振る舞い始める。やがて朱子学を体制教学とし、一二七一年には『易』に由来する「大元」という国号を自称するようになった。すると、尊王攘夷思想は漢族王朝の宋から蒙古に対して向けられるだけでなく、元が自分たちに従わない夷狄に向けて使うようにもなる。使う側の主張では「征東」、使われた側の用法では「元寇」が、日本に向けてなされた。

中華の近世、そして現在

宋は諸外国に対してあまり高圧的な態度をとっていない。政治・軍事の実力がともなわないからではあろうが、文化的な中華意識とは別様の行動である。それに対して、宋を併呑した元は、中華意識を前面に押し出して東アジア各国に臣従を迫った。もちろん、北方民族たるモンゴルとしての行動様式に基づいている面もあろうが、その具体的な表現方法は漢文による国書という、中華王朝を中心に据えた東アジア地域に伝統的な手段であった。日本宛に朝貢を求めたいわゆる蒙古国書もその一例である。

この国書には末尾に「軍事行動を起こすのは本意ではない」と書かれていた。この文面が日本側から「自主的に朝貢しないなら軍隊を派遣するかもしれない」という脅しと受け取られ、鎌倉幕府首脳の感情的な興奮を呼び起こしてしまったために両国間の戦端が開かれたのは、よく知られたことである。その意味で「蒙古襲来」は、決して蒙古と日本という夷狄同士の戦争ではなく、中華がその王権に帰順することを拒む夷狄を成敗しようとした「征東」だった。時代が下って江戸時代になると、日本国内ではこの事件を「元寇」と称するようになる。攻めた側の論理では「征」、攻められた側の論理では「寇」。同じ戦争を相反するこの二つの語で表現する手法は春秋学に由来する。儒教的な歴史認識がこうして広まっていく。

一三六八年、元の北方撤退（滅亡ではないことに注意）によって成立したのが、明である。この王朝は漢族意識を核に据えており、ことあるごとにモンゴル族の軛《くびき》から中国を解放した王朝として自画自讃している。そこでの「中国」は「胡元」の風気を脱した漢民族の純粋性として描かれる【12】。王朝中盤に活躍した朱子学者、丘濬《きゅうしゅん》（一四二一〜一四九五）『大学衍義補《だいがくえんぎほ》』の「馭夷狄」には、華夏・中国という語が頻出する（ただし、意外にも中華の語は登場しない）。彼に代表される明の朱子学的士大夫たちは、近代における漢族中心主義のはしりと評することもできよう。

ところが、一六四四年に、中国の地はみたび異民族に蹂躙されることとなる。明の皇帝が内乱によって北京の皇居の裏山で縊死すると、その報復を旗印にして敵対していた清の軍隊が乗り込んでくる。南方での明の王族を擁する勢力との交戦を経て、十七世紀末には台湾を含む中国全域を平定する。その故地（現在の東北三省）、清に服属したモンゴルやチベット、それに明を滅ぼしてから併合した西方の領土をあわせて、現在の中国領の原型が十八世紀なかばに定まる。支配民族としての満洲族を頂点に、漢字によって支配する地域と、チベット仏教の守護者として、また草原の覇者として支配する地域との二重構造をもつ帝国の誕生であった。清に文化的・思想的に抵抗する一部漢族の士大夫たちは、彼らを蒙古同様に「胡」として蔑んだが、清の宮廷では漢族統治のために朱子学の理念が採択された。朱子学が普遍思想である以上、それを採用する王朝こそが中華であり、種族的に漢族か夷狄（満洲族）かは関係なかろうと、雍正帝は自身、頑迷な漢族知識人を説諭している（『大義覚迷録』）。理念的には、満による統治の下で漢・蒙・蔵（チベット）・回（ムスリム）が共生する社会が建設された。

やがて、十九世紀末葉、西洋列強（新たなる夷狄）によって国権・国土が蹂躙されていると感じた漢族の青年たちは、満洲族の清を滅ぼして漢族国家を復興しようという革命運動を立ち上げる（滅満興漢）。その際に、一部人士が象徴として担ぎ出したのが、伝説上の太古の王、神農（炎帝）と軒轅《けんえん》（黄帝）だった。「炎黄子孫」というのが彼らのアイデンティティであり、逆にいえば、満族や蒙族は炎黄の血を引いていない異種族だということになる。とするならば、彼らが担う共和制新国家の呼称は、二〇世紀初頭に存在した東アジアの二つの国家の呼称「大日本帝国」や「大韓帝国」に倣って、「大漢民国」であるべきだった。だが、一九一二年に成立した国家の自称は「中華民国」であった。

彼らはその革命運動当初の標語「滅満興漢」から路線変更し、「中華」という旗印を掲げることにしたのである。そこでは西洋伝来の民族というイデア（概念・理念）が利用された。漢族とその文化を実際上の中核に据えつづけながらも、清の場合と同様に漢満蒙蔵回の五族、さらには他の少数民族をも包含する国家が、中華の名の下に考案された。いわば漢族から中華民族への転換が行われたのである。そして、毛沢東が造った社会主義の政府も、名称に中華を採用したことは本章冒頭で指摘した通りである。本章はそのことの当否を論ずることはしたくない。ただ、歴史的に見たとき、漢代の「大一統」の思想が再興したかのごとき現象が見られることを指摘しておく。

中華にどう向きあうか

中国でも現在は西洋近代に生まれた国際関係観に基づく歴史認識を公式見解としている。そこでは主権国家としての中国が周囲の他の諸国家とどのような関係をもってきたかを、「中華-夷狄」関係としてではなく、同等の国家間関係として描いている。

しかしながら、この表層の下には、いまなお伝統的な心性が潜んでいるやもしれない。十九世紀後半以来の百五十年は、国際関係上、中国の歴史の中で南朝や宋代にも比すべき不如意な時代だった。「中華民族」という概念を創造し、他国に併呑されたり、複数の国家に分裂したりしないように、中国は自らの歴史認識として、太古以来、中国はずっと一つの中国だった（また常にそうあるべきだった）と見なした。国力の問題から、諸外国（夷狄）を国内から排除することが重要であって、自らを外に拡張する余裕はなかった。ところが、そうした情勢は変わりつつある。

いくつかの島嶼について、中国は長年暗黙の了解を示してきた。だが、中華は再び膨張の気配を見せている。この事態に対して感情的に対処することは、十三世紀の不幸な歴史を繰り返すだけに終わりかねない。私たちはいまこそ、「歴史を鑑とする」ことによって解決への道を探るべきなのではなかろうか。

注

【1】たとえば、『宋史』巻四九〇「外国伝」六の天竺の条に、天竺王の書簡を天竺人僧侶が漢訳した文章として「支那国内に大明王があると聞く」という文言が見える。これは宋の皇帝が「支那」と呼ばれることをむしろ喜んでいたことを示す象徴的な事例であり、日本でも江戸時代までは支那は蔑称ではなかった。とはいえ、二十世紀後半以降の慣例に従い、筆者は支那を用いず「中国」と呼んでおく。

【2】もう一点、南北朝鮮の場合同様、republicを一方は「民国」、他方は「共和国」と訳していることにもそれぞれの歴史的経緯が存在するけれども、ここでは深入りしない。

【3】野間文史『五経正義の研究——その成立と展開』(研文出版、一九九八年)は、「おそらく「注」としては、南学好みが唐初の風潮であったのだろう。『五経正義』はそのような現状を追認したものと思われる」としつつも、「「義疏」は北学者の手に成るものが中心であったことになる。この点からすれば、『五経正義』によって南北の学術が統一されていたといえなくもないであろう」と述べる。

【4】宋は遼との抗争期を経たのち、盟約を結んで平和共存政策をとった。通説では一律に「叔姪《おじとおい》」の関係といわれているが、これは盟約締結時の二人の皇帝の関係を示すにすぎず、実際には代替わりごとに変化する皇帝同士の世代・年齢関係を王朝間の上下関係とした(中村惇二の二〇一二年提出の東京大学博士学位論文「宋遼外交交渉の思想史的考察」による)。したがって、必ずしも宋が一方的に下位だったわけではないけれども、唐が世界帝国として東アジアに君臨していたのとは、まったく様相を異にしていた。

【5】通説では、北宋の司馬光『資治通鑑』は三国時代で魏を中心となる王朝として扱うのに対し、同書の構成を組み替えた朱熹『通鑑綱目』では明確に蜀を漢王朝の延長たる正統王朝として扱っていると見なす。なお、書名にある「鑑」とは、「歴史を鑑として学び、同じ失敗を繰り返さない」という意味である。

【6】この作品を全文訓読して語釈を施したものとして、齋木哲郎「孫復『春秋尊王発微』通解稿(全)」(二〇〇一年)があるので参照されたい。

【7】妹尾達彦「唐代長安城与関中平野的生態環境変遷」(一九九八、一九九九、二〇〇五年)など。

【8】五徳終始とは、五行(木火土金水)がこの順序(相生説による順序)で交替するように、王朝も五行それぞれの性格(「徳」と呼ばれる)をそなえたものが順次交替するという理論である。漢代に生まれ、以後、実際に禅譲方式による王朝交替で活用された。宋代に道学(その一派が朱子学)によって否定され、宋代以降の王朝交替には適用されていない。小島毅「天道・革命・隠逸——朱子学的王権をめぐって」(二〇〇二年)などを参照されたい。

【9】渡邉義浩『儒教と中国――「二千年の正統思想」の起源』(二〇一〇年)。なお、公羊学・穀梁学とは『春秋』を解釈する流派の呼称で、左氏学とあわせて「春秋三伝の学」といわれる。

【10】范仲淹と出会ったときに孫復は三十歳代のなかばだったというのは佐藤仁『宋代の春秋学』(二〇〇七年)の考証による。

【11】「道学伝」は歴代正史中、『宋史』にのみ見られる特異な篇で、周敦頤に始まる道学者たちの伝記を一箇所に集めている。他の正史にもある「儒林伝」とは区別され、道学者たちの正統性を特権化する意図を示しているとされる。なお、『宋史』巻一九一「儒林伝」二にある孫復の伝には、彼と范仲淹との逸話は紹介されていない。

【12】ただ、実際の明代の生活文化には元代のモンゴル流・西方流のなごりが多いといわれる。そして、それがいまに続く中国の「伝統文化」の一部となっており、俗には唐宋のころからと思いなされている中国文化は、元代に変容した面が大きい。

参考文献

小島毅「天道・革命・隠逸――朱子学的王権をめぐって」、網野他編『宗教と権威』(岩波講座「天皇と王権を考える」四、岩波書店、二〇〇二年)
齋木哲郎「孫復『春秋尊王発微』通解稿(全)」(鳴門教育大学学校教育学部社会系教育講座倫理学研究室、二〇〇一年)
佐藤仁『宋代の春秋学――宋代士大夫の思考世界』(研文出版、二〇〇七年)
妹尾達彦「唐代長安城与関中平野的生態環境変遷」、史念海編『漢唐長安与黄土高原』(陝西師範大学中国歴史地理研究所、一九九八年)
「中華の分裂と再生」『岩波講座世界歴史9　中華の分裂と再生――三〜一三世紀』(岩波書店、一九九九年)
「前近代中国王都論」『アジア史における社会と国家』(中央大学人文科学研究所研究叢書三七、二〇〇五年)
野間文史『五経正義の研究――その成立と展開』(研文出版、一九九八年)
渡邉義浩『儒教と中国――「二千年の正統思想」の起源』(講談社選書メチエ、二〇一〇年)

初出は秋田茂他編『「世界史」の世界史』(ミネルヴァ書房、二〇一六年)。単に国々の歴史を寄せ集めただけのものではない、真の世界史を構想しようという企画への寄稿。

あとがき

西暦二〇一八年は明治維新（一八六八年）の一五〇周年にあたるということで、前年から多くの関連書籍が出版された。本書もそのひとつである。ただし、「明治維新は日本の夜明け」としてこれを礼賛するたぐいのものと本書の間には、大きな溝がある。

私は明治維新の担い手たち、戊辰戦争の「官軍」には批判的で、その主張を前面に押し出した本も書いている（『増補 靖国史観』ちくま学芸文庫、もとの同社新書版は二〇〇七年刊）。そこでは靖国神社が（日本古来の神祇信仰や伝統的な仏教思想によってではなく）中国伝来の儒教を思想資源として設立された国家施設であることを論証した。本書もその延長線上にある。

儒教というものは、日本国内で広く知られているようでいながら、偏った見方・誤解が蔓延している。教科書レベルの「孔子・孟子が説いた教え」とする理解は、まちがいとは言いきれないのでまだよい。しかし、「中国・韓国の哀れな現状を見れば明らかなように、近代社会にそぐわない封建的な思想」という、明治の福沢諭吉が唱え、昭和の司馬遼太郎らが継承した説は、事実誤認も甚だしい。近年もさる米国人がこれと同類の本を出版して大変な人気となったのは、嘆かわしいとともに、私たち儒教研究者の非力を思い知らされるできごとだった。

これではいけない……。それが本書出版を思い立った動機である。さいわい、二〇一一年に亜紀書房から出した『「歴史」を動かす』の際にお世話になった足立恵美さんが、移籍先の晶文社からの刊行を引き受けてくれた。

本書に収録したのはこの十年間にどこかに発表した文章、しかも学術論文よりも一般誌や講演のために執筆したものが中心である。修訂は誤記・誤謬や時期の表現変更など表現変更など最小限にとどめた。対象とする時代は西暦一世紀から十九世紀におよぶが、これらを貫くテーマは前著『靖国史観』で提示したのと同じ、日本における儒教の展開である。初出とその執筆経緯はそれぞれの文章の末尾に追記した。

「明治維新一五〇周年」で騒ぐのもよいが、二〇一八年は六一八年の唐建国から一四〇〇周年、一三六八年の明建国から六五〇周年でもある。中国の歴代王朝のなかでも唐と明の二つが正規の外交関係（朝貢）によって日本と深く関わり、文化的に大きな影響を与えたことは本書で述べたとおり。明治の脱亜入欧はそれまでの中国との長い交際の性格を変えるものだったが、それが容易に可能になったのは日本が唐や明から受容した儒教の考え方のおかげだった。遣唐使時代の留学生や遣明使時代の禅僧たちは、仏教や儒教を伝えることで日本の伝統文化を作り上げてきた。中国だけではなく、韓国からも文化の伝来があった。このことをきちんと認識していない人たちが唱える嫌中論・嫌韓論は、ことわざにいう「天に向かって唾を吐く」ものである。本書の内容は専門家の間では基礎知識のレベルにすぎないが、広く社会で認知されることを希望する。

なお、本書に収録された文章・講演の一部は、科学研究費補助金特定領域研究「東アジアの海域交流と日本伝統文化の形成」（二〇〇五年度〜二〇〇九年度、俗称にんぷろ）の期間中のものであったり、またこれが契機になって依頼されたりしたものである。私はこの共同研究の代表を務めたのだが、それが私の奢りや脇の甘さで研究費の使用および事務局の運営において、多くのトラブルに見舞われ余計な出費と時間の浪費をする羽目に陥った。その結果、事後評価はBになり、私にはさまざまな負の事柄が残された。「科研費の不適切な使用」というニュース報道が少なくないが、そこには制度的な盲点が作用している面があるように思われる。やや場違いではあるが、最後に特記させていただく。

平成二十九年仲秋望

小島　毅

著者について

小島毅（こじま・つよし）

1962 年生まれ。東京大学文学部卒業。東京大学大学院人文科学研究科修士課程修了。東京大学大学院人文社会系研究科教授。専門は中国思想史。東アジアから見た日本の歴史についての著作も数多くある。

著書に『増補 靖国史観――日本思想を読みなおす』『朱子学と陽明学』（ちくま学芸文庫）、『近代日本の陽明学』（講談社選書メチエ）、『父が子に語る日本史』『父が子に語る近現代史』（トランスビュー）、『「歴史」を動かす――東アジアのなかの日本史』（亜紀書房）、『足利義満――消された日本国王』（光文社新書）、『儒教の歴史』（山川出版社）などがあり、監修したシリーズに『東アジア海域に漕ぎだす（全 6 巻）』（東京大学出版会）がある。

犀の教室
Liberal Arts Lab

儒教《じゅきょう》が支《ささ》えた明治《めいじ》維新《いしん》

2017 年 11 月 30 日　初版

著　者　小島毅

発行者　株式会社晶文社
東京都千代田区神田神保町 1-11 〒101-0051

電　話　03-3518-4940（代表）・4942（編集）

U R L　http://www.shobunsha.co.jp

印刷・製本　中央精版印刷株式会社

ISBN978-4-7949-7033-6 Printed in Japan